Anna Rita Graziani Augusto Palmonari

O DESENVOLVIMENTO MORAL DOS ADOLESCENTES

Transgressão, conformismo e valores em uma idade inquieta

Paulinas

Dados Internacionais de Catalogação na Publicação (CIP)
(Câmara Brasileira do Livro, SP, Brasil)

Graziani, Anna Rita
O desenvolvimento moral dos adolescentes : transgressão, conformismo e valores em uma idade inquieta / Anna Rita Graziani, Augusto Palmonari ; [tradução Andréia Schweitzer]. – São Paulo : Paulinas, 2018. – (Coleção psicologia, família e escola)

Título original: Adolescenti e morale : trasgressione, conformismo e valori in un'età inquieta

ISBN 978-85-356-4411-1

1. Adolescência 2. Comportamento humano 3. Desenvolvimento moral 4. Educação moral 5. Relacionamento familiar 6. Valores (Ética) I. Palmonari, Augusto. II. Título III. Série.

18-16251   CDD-155.5

Índice para catálogo sistemático:

1. Adolescentes : Desenvolvimento moral : Psicologia   155.5

Maria Paula C. Riyuzo - Bibliotecária - CRB-8/7639

Título original da obra: *Adolescenti e morali: Trasgressione, conformismo e valori in un'età inquieta*
© 2014 by Società editrice Il Mulino, Bologna.

Direção-geral: *Flávia Reginatto*
Editora responsável: *Andréia Schweitzer*
Tradução: *Andréia Schweitzer*
Copidesque: *Simone Rezende*
Coordenação de revisão: *Marina Mendonça*
Revisão: *Ana Cecilia Mari*
Gerente de produção: *Felício Calegaro Neto*
Projeto gráfico: *Manuel Rebelato Miramontes*
Diagramação: *Jéssica Diniz Souza*
Imagem de capa: © *Family Business - Fotolia.com*

1ª edição – 2018

Nenhuma parte desta obra poderá ser reproduzida ou transmitida por qualquer forma e/ou quaisquer meios (eletrônico ou mecânico, incluindo fotocópia e gravação) ou arquivada em qualquer sistema ou banco de dados sem permissão escrita da Editora. Direitos reservados.

Paulinas

Rua Dona Inácia Uchoa, 62
04110-020 – São Paulo – SP (Brasil)
Tel.: (11) 2125-3500
http://www.paulinas.com.br / editora@paulinas.com.br
Telemarketing e SAC: 0800-7010081

© Pia Sociedade Filhas de São Paulo – São Paulo, 2018

Sumário

Introdução 5

1. Da infância à adolescência 13

2. O papel das regras 41

3. O papel das emoções 77

4. O papel da experiência 107

5. O papel da família, da escola e dos amigos 125

Conclusões 149

Para saber mais 153

Introdução

Como se desenvolve a moralidade?

Paulo é um menino de 11 anos um pouco acima do peso. Por isso, muitas vezes ele é provocado, de maneira rude, por Eugênio, um dos seus colegas de classe. Após a enésima humilhação sofrida, Paulo perde a paciência e se encontra em uma encruzilhada: continuar "fazendo-se de superior", como dizem seus pais, sem responder às provocações de Eugênio, ou, ao menos uma vez, ter a satisfação de dar um belo soco no insuportável valentão?

Michele tem 16 anos e sempre foi uma aluna dedicada, orgulho dos pais. Hoje, porém, foi tentada pela ideia de copiar a lição de literatura, uma dissertação sobre a poesia do século XIV, procurando algo pronto na internet. Assim, poderia aceitar o convite de Gabriel, o garoto de quem ela gosta, e ir passear no shopping. No entanto, copiar, enganando os pais e o professor que tanto a estimam, a faz sentir-se muito culpada. Por isso, a garota está muito indecisa sobre o que fazer.

É sábado à noite e Ricardo, que tem 18 anos e acaba de tirar a carta de habilitação, sente sobre si o peso da pressão social exercida pelos coetâneos. Por um lado, os amigos o convidam a beber com eles: "Uma cerveja só não vai deixar você bêbado", por outro o garoto é bem consciente dos riscos que corre ao dirigir depois de beber. O que fazer? Pagar mico diante de seus amigos, comportando-se de maneira responsável, ou arriscar-se e fazer como todos os outros "Uma vez só não vai fazer mal, não é?".

Estes são apenas alguns exemplos, poderíamos dar muitos outros, das decisões que cotidianamente os garotos e as garotas precisam enfrentar. Essas escolhas não são neutras, mas requerem, de um lado, princípios e normas morais (não se resolvem conflitos com violência, todos devem cumprir suas tarefas honestamente, não se deve arriscar a própria vida e a dos outros com comportamentos irresponsáveis), de outro, necessidades e desejos pessoais (finalmente se vingar do arrogante valentão, passar um tempo com o garoto de quem se está a fim, ser bem-visto pelos amigos). É justamente o conflito entre normas e expectativas sociais (o que é certo fazer) e necessidades pessoais (o que gostaria de fazer) que torna a decisão difícil.

Este livro trata justamente disto: de como os seres humanos ao crescer aprendem a fazer escolhas em âmbito moral, equilibrando as normas e as expectativas sociais, os desejos individuais e as possíveis consequências das próprias ações. Neste ponto, é bom fazer um esclarecimento: não vamos nos ocupar com o conceito de moralidade ou em definir a natureza do bem e do mal, argumento sobre o qual filósofos e pensadores debatem há milênios. O livro enfrenta o tema do desenvolvimento moral, ou seja, como os indivíduos aprendem a pensar e a agir seguindo princípios morais. Veremos como tal percurso evolutivo acontece na transição entre a infância e a adolescência até a idade adulta e pode influenciar, mas nem sempre determinar, o comportamento humano.

Breves considerações iniciais

Começamos esta jornada questionando-nos de onde derivam as normas morais. Podemos ver como na história duas correntes de pensamento ocuparam-se em estudar a complexa relação entre indivíduos e normas morais, contrapondo os conceitos de "natureza" e "cultura". Filósofos como Jean-Jacques Rousseau (1762) sustentavam que as pessoas nasciam fundamentalmente boas e morais. A sociedade e as instituições eram responsáveis pela corrupção da natureza humana. A ideia de que as crianças são completamente puras e destinadas a ser contaminadas pela sociedade não é certamente mais atual, porém, a possibilidade de que a moralidade seja inerente ao *Homo sapiens* tornou-se objeto de pesquisa de cientistas evolucionistas, a partir de Charles Darwin (que em 1871 publica *A origem do homem e a seleção sexual*). Segundo essa corrente de pensamento, o desenvolvimento da moralidade, declinada por meio de normas e regras sociais, teria favorecido a implementação do comportamento cooperativo e altruísta fundamental para a vida comunitária e, portanto, para a sobrevivência da espécie. Mais recentemente (em 2007), o psicólogo evolucionista Marc Hauser até mesmo levantou a hipótese da existência de uma *gramática moral universal* nos seres humanos, ou seja, um conjunto de princípios universais, frequentemente inconscientes, que são utilizados para a construção de todos os sistemas morais explícitos possíveis.

Segundo o autor, graças a essa dotação natural, que ocorre na mente humana, todo indivíduo é capaz de aprender rapidamente e sem esforço as normas da própria cultura de referência e de formular rápida e automaticamente julgamentos sobre o que é "certo" e "errado".

A segunda corrente de pensamento, ao contrário, parte da ideia que, como sustentava o filósofo Thomas Hobbes (1651), a natureza humana seja substancialmente competitiva e egoísta, e que somente a educação para o respeito às normas e regras morais, desde a mais tenra idade, pode garantir a convivência pacífica entre os indivíduos. A ideia da natureza "antissocial" das crianças foi superada há tempos; os estudos mostram que ao lado de comportamentos agressivos, as crianças sabem ter comportamentos altruístas. A importância da educação e do ensino das normas e regras sociais às novas gerações, porém, continua sendo um tema central, não apenas para as ciências sociais, mas também para o senso comum. O estereótipo segundo o qual os jovens não conhecem mais as boas maneiras e não têm mais respeito pelas tradições e pelos mais velhos é velho como o mundo.

Neste livro, faremos frequentes referências ao conceito de *socialização*, entendido como o processo mediante o qual os modelos de uma sociedade são transmitidos de uma geração à sucessiva. A socialização acontece principalmente em família e é colocada em prática pelos pais, os quais, investindo tempo, energia e recursos, agem para que os próprios filhos aprendam a distinguir o "bem" do "mal" e desenvolvam qualidades morais como o altruísmo, a generosidade e o senso de justiça, fundamentais para viver em comunidade.

Como veremos em seguida, quando as crianças são muito pequenas, os pais estabelecem regras para elas, evitando que se comportem de forma perigosa, intervindo de maneira concreta, por exemplo, separando duas irmãs que se batem e utilizando uma linguagem simples: "Flávia e Rafaela, parem de puxar os cabelos uma da outra!". Conforme as crianças crescem e são capazes de compreender conceitos abstratos, os pais começam a fazer referência a princípios morais gerais: "É errado recorrer à violência para resolver uma disputa, porque...". A socialização permite a interiorização dos princípios morais e a formação da consciência moral, ou seja, a voz interior que sugere o comportamento correto a adotar nas diversas situações. Nesse ponto, as pessoas escolhem comportar-se seguindo as normas morais das quais se apropriaram, não para agradar os pais ou os educadores, ou por medo de possíveis sanções em caso de comportamentos transgressivos, mas porque elas representam o único meio que os seres humanos têm à disposição para viver juntos com civilidade. Por meio da socialização, portanto, os indivíduos aprendem quais são os limites estabelecidos pela comunidade moral a que pertencem e as consequências (desaprovação, punição, exclusão social) que derivam de ultrapassá-los.

Não é preciso, porém, considerar as crianças como receptores passivos do processo de socialização. Elas são parte ativa de seu processo educativo e justamente por isso se pode falar de "adaptação recíproca" na relação pais e filhos.

Ao longo do livro veremos que as crianças vêm ao mundo pré-adaptadas, isto é, com uma dotação inata para a vida social, mas necessitando da presença e interação com adultos amorosos e atentos para tornarem-se pessoas maduras e responsáveis. É, portanto, a interação entre "natureza" e "cultura" que contribui para o crescimento moral dos indivíduos.

Ao analisar a evolução do desenvolvimento moral focalizaremos, sobretudo, a fase da adolescência, por dois motivos principais: em primeiro lugar, durante a adolescência as pessoas desenvolvem a capacidade de raciocinar em termos hipotéticos e dedutivos. Inicialmente, através dessa forma de raciocínio mais articulada e abstrata, os adolescentes são capazes de ancorar as regras aos valores que pretendem tutelar e de compreender as consequências das violações em termos de justiça e equidade. Em segundo lugar, a necessidade de pensar em termos morais torna-se particularmente relevante quando os adolescentes precisam enfrentar a tarefa de desenvolvimento mais difícil dessa fase da vida: a redefinição e a reorganização da própria identidade. Os valores morais representam uma base importante, graças à qual é possível alcançar a definição de si. Em outros termos, a elaboração da identidade implica que os adolescentes consigam sentir-se parte de uma *comunidade moral* adotando um *horizonte de justiça* (*scope of justice*). Aqueles que não resolvem essa exigente tarefa de desenvolvimento correm o risco de condenarem-se a uma espécie de *exclusão moral* que os coloca à margem do contexto cultural em que vivem, muitas vezes gerando comportamentos que ignoram as regras sociais da convivência.

Este livro

O primeiro capítulo diz respeito à passagem da infância para a adolescência, particularmente às mudanças físicas, neurológicas, cognitivas e sociais que ocorrem nessa fase da vida e como elas afetam o desenvolvimento moral dos indivíduos.

Como se desenvolve a capacidade de raciocinar em termos morais, compreender as regras sociais e os princípios que as sustentam é o objeto do segundo capítulo. Também tentaremos explicar o relacionamento complexo, nem sempre direto, que relaciona o raciocínio com a ação moral.

O terceiro capítulo aborda as emoções que o indivíduo experimenta quando se encontra resolvendo problemas morais ou transgredindo as normas sociais e como essas emoções são capazes de promover comportamentos altruístas e pró-sociais.

No quarto capítulo, veremos como o comportamento moral, como qualquer outra forma de comportamento e hábito, também é resultado de uma experiência de aprendizagem. Como essa aprendizagem ocorre, quais práticas educativas podem estimular os comportamentos apropriados e desencorajar os considerados socialmente indesejáveis são os tópicos que caracterizam este capítulo. Também analisaremos os mecanismos de "desengajamento moral" que permitem aos indivíduos, em determinadas situações, desvincular-se dos princípios morais de referência e atuar com base em um mero interesse pessoal.

A relação entre desenvolvimento moral das novas gerações e contexto social é tratada no quinto e último capítulo. Em particular, será analisado como o papel da família, da escola e do grupo de amigos pode favorecer ou, em alguns casos, criar obstáculos ao desenvolvimento moral dos adolescentes.

1. Da infância à adolescência

Mudar para crescer

Mas por que sou assim? Perco o controle. Não sei ficar sozinho. Preciso de... nem mesmo eu sei de quê. Que raiva! Em compensação, tenho um iPod. Pois é, porque quando você sai e sabe que na escola te espera um dia com gosto de asfalto empoeirado e em seguida um túnel de tédio entre deveres de casa, pais, cachorro, e depois tudo de novo, até que a morte os separe, somente uma boa trilha sonora pode te salvar. [...]

Não que eu me entedie, pois eu teria mil projetos, dez mil desejos, um milhão de sonhos a realizar, um bilhão de coisas pra iniciar. Mas depois não consigo começar umazinha que seja, porque não interessa a ninguém. Então me digo: mas Leo, quem te obriga a fazer isso? Deixe pra lá, curta o que você tem. (Alessandro D'Avenia, *Branca como o leite, vermelha como o sangue*. Tradução: Joana Angélica d'Avila Melo. Rio de Janeiro: Bertrand Brasil, 2012.)

Esse desabafo de um garoto de 16 anos, que descreve o seu estado de ânimo nos confrontos de si, da família, da escola e do futuro, nos parece um modo de enfrentar o tema da passagem da infância à adolescência, das numerosas mudanças que acontecem nessa fase da vida e dos efeitos sobre o desenvolvimento moral que tais mudanças determinam.

A adolescência é o período compreendido entre a infância e a idade adulta, durante o qual todo indivíduo deve enfrentar numerosas mudanças biológicas, que afetam o corpo (a puberdade e a maturidade fisiológica) e o cérebro (o desenvolvimento neurológico); psicológicas (o desenvolvimento cognitivo e a redefinição do conceito de *self* e da própria identidade); e sociais (a aquisição do status de adulto, com os direitos e deveres que dele derivam). Trata-se de um processo inevitável e difícil que, além das numerosas tarefas de desenvolvimento, é repleto de alternâncias de sentimentos opostos que vão de momentos de euforia total a outros de melancolia profunda, da segurança excessiva à insegurança absoluta em relação às próprias habilidades, da plena satisfação consigo mesmo e com as próprias escolhas à sensação de constrangimento e inadequação às demandas do contexto e dos amigos.

Essa alternância de emoções depende, de um lado, do fato de que esse processo é esperado e, sob muitos aspectos, desejado. O objetivo de "ser grande" é uma meta cada vez mais próxima e com ela é possível finalmente aproveitar os tão desejados privilégios: a conquista da emancipação dos próprios pais, a autonomia nas escolhas e uma maior liberdade de movimento e ação.

De outro, a mudança traz inevitavelmente consigo a ideia da perda daquilo que se era, e a que não se pode voltar, e de relações estáveis e tranquilizadoras. Essa sensação de perda é mais intensa pela comparação com uma nova maneira de ser, ainda desconhecida e a construir, com resultados incertos e inesperados. Como sugere o senso comum, os adolescentes "não são nem uma coisa nem outra", estão numa fase intermediária, quase indefinida, na qual eles sabem o que deixam, mas ainda não sabem o que encontrarão em sua jornada de crescimento.

Mas quando começa a fase adolescente? Os psicólogos colocam o início da adolescência entre 11 e 12 anos, coincidindo com o início da puberdade, ou seja, com o conjunto de mudanças físicas e biológicas que marcam o final da infância e transformam o corpo de uma criança em um corpo adulto capaz de procriar. No entanto, é bom lembrar que há certo grau de variabilidade individual sobre o início da puberdade, que depende tanto de fatores genéticos como de fatores ambientais. Nos países industrializados, de fato, graças à melhoria da nutrição, dos cuidados de saúde e das condições gerais de vida, a entrada na puberdade chega a ser frequentemente antecipada para a idade de 9 anos para as mulheres e 10 para os homens.

Quanto ao final da adolescência, tendemos a situá-lo entre 18 e 19 anos, quando os indivíduos são capazes de assumir as responsabilidades típicas da idade adulta: tomar decisões de maneira autônoma, levá-las adiante com comprometimento e estabelecer relacionamentos estáveis, seja em âmbito interpessoal, construindo uma relação sólida com o/a parceiro/a, por exemplo, seja com os grupos de referência mais próximos, inserindo-se propositivamente no contexto universitário ou de trabalho, por exemplo, seja no âmbito social, assumindo as responsabilidades e os deveres de cidadão/ã. No entanto, no mundo ocidental, a passagem da adolescência para a idade adulta não é mais tão direta. Estudos demonstraram que as mudanças socioeconômicas das últimas décadas levaram ao surgimento de uma nova fase de vida entre 19 e 29 anos: a *adultescência*. De fato, o prolongamento dos processos de formação e o adiamento da entrada no mercado do trabalho, também devido à rigidez que se torna mais acentuada durante os períodos de crise econômica, levaram a adiar a idade em que as novas gerações deixam o "ninho", estabelecem um relacionamento conjugal estável e decidem ter filhos. Essa situação fica mais evidente diante de fatores contextuais objetivos, como a precariedade do trabalho e fatores ligados à cultura familiar caracterizada, em muitos lugares, por considerável liberdade e poucas responsabilidades, levando especialistas a falar de "Síndrome de Peter Pan".

Agora que vimos como as ciências sociais definem a adolescência, veremos quais são as principais mudanças que se verificam nesse arco temporal e qual papel exercem ao influenciar o desenvolvimento moral.

Box 1. Puberdade e adolescência

"Puberdade" e "adolescência" não são sinônimos, mas dois conceitos bem distintos. A puberdade refere-se à transição da condição fisiológica de uma criança para a de um adulto. A adolescência, por outro lado, é considerada pelos estudiosos como a transição do status social de uma criança para o de um adulto. Enquanto a puberdade é um fenômeno universal no desenvolvimento de quem pertence à espécie humana, a adolescência é um fenômeno social: pode variar em termos de duração, significado e experiências, entre uma cultura e outra e, na mesma cultura, entre um grupo social e outro.

Pensar o próprio corpo

Como antecipado anteriormente, a puberdade consagra a entrada na adolescência. É importante, no entanto, não apenas considerar a puberdade como um evento puramente biológico, em que ocorrem transformações físicas significativas, mas também avaliar os efeitos psicológicos que exerce sobre os indivíduos.

Diferentemente das crianças, cujos processos de crescimento são rápidos e profundos, mas inconscientes, durante a adolescência os indivíduos têm a consciência do que está acontecendo com eles. As crianças não têm uma representação das mudanças corpóreas que caracterizam a fase de crescimento, assim como não conseguem avaliar completamente as consequências. Os adolescentes, ao contrário, percebem as transformações do próprio corpo, comparam-nas com as dos seus coetâneos e as avaliam. O resultado dessa avaliação tem importantes consequências psicológicas que colocam à prova as habilidades individuais de adaptação. Pensemos no quanto é difícil para muitos adolescentes a aceitação de seu corpo, muitas vezes unida a sentimentos de *dismorfofobia*, ou seja, o medo de que haja algo estranho e anômalo em seu desenvolvimento físico que os torne "feios" em comparação com seus pares. Além disso, essas mudanças, que muitas vezes são permeadas por desarmonias no aspecto físico, nos movimentos, na postura e na voz, se dão sob os olhos de todos, fazendo com que o indivíduo se sinta ainda mais deselegante e inadequado.

Um problema particularmente sentido pelos adolescentes relaciona-se à antecipação ou ao atraso puberal: no primeiro caso, as mudanças acontecem em um indivíduo que ainda não possui as competências cognitivas, emocionais e sociais necessárias para administrar responsavelmente o que acontece no próprio corpo. No segundo caso, ao invés, ver-se mais atrasado e sentir-se diferente dos amigos com os quais convive diariamente no que diz respeito às dimensões do corpo ou à ocorrência de certos fenômenos biológicos, pode afetar negativamente a autoestima e a autossatisfação.

Para os garotos, a precocidade do desenvolvimento costuma ter consequências positivas sobre a autoimagem e as relações com os outros indivíduos com os quais se relaciona, além de favorecer a popularidade e a conquista do papel de líder no grupo. Um atraso no desenvolvimento puberal, ao invés, tem efeitos negativos sobre a vivência interior dos garotos, dando origem a sentimentos de incerteza, ansiedade, insegurança quanto às próprias capacidades e, em âmbito social, leva a uma menor popularidade entre os coetâneos.

Para as garotas, os resultados são mais expressivos, mas uma puberdade antecipada parece ter consequências mais negativas do que se for postergada, e tais consequências se referem tanto ao âmbito pessoal quanto ao social. No âmbito pessoal, as garotas "precoces" são mais insatisfeitas com a aparência física, principalmente quanto ao ganho de peso e ao acúmulo de gordura em certas partes do corpo, como os quadris, o que o desenvolvimento puberal inevitavelmente implica. A precocidade também parece estar relacionada a sintomas depressivos, diminuição da autoestima e distúrbios da imagem corporal.

Em âmbito social, as pesquisas conduzidas por David Magnusso e seus colegas na Suécia nos anos 1980 mostraram que as garotas com uma menarca abaixo da idade média, sobretudo antes dos 11 anos, assumem condutas desviantes (por exemplo, cabular aula, beber álcool e fumar) com mais frequência do que as coetâneas que têm um desenvolvimento mais regular ou tardio. A relação entre desenvolvimento precoce e desvio é mediada pelo fato de que essas garotas, convivendo com adolescentes mais velhos, antecipam muitas experiências do período de crescimento, e pelo fato de que a capacidade crítica e o nível de raciocínio moral, correspondendo à idade real, são inadequados para enfrentar as situações em que se encontram envolvidas. No entanto, ao entrevistar as garotas uma década mais tarde, percebeu-se que os comportamentos transgressivos foram um parêntese na vida delas, mesmo que ocasionalmente tenham enfrentado algumas consequências significativas, como a obtenção de um nível decididamente mais baixo de educação ou uma gravidez precoce. A esse propósito, numerosos estudos concordam em mostrar uma correlação entre desenvolvimento puberal antecipado e iniciação em relações sexuais.

Além disso, outros estudos mostram que as garotas precoces arriscam incorrer em uma série de problemas de relacionamento como serem isoladas por seus colegas, serem vítimas de fofocas, de doenças sexualmente transmissíveis e de atos de *bullying*, que podem influenciar o bem-estar psicofísico.

O modo de enfrentar a puberdade, sua antecipação ou atraso, além das mudanças que dela derivam, depende de diversos fatores psicossoais. Em primeiro lugar, as características individuais podem facilitar o processo de autoaceitação dos adolescentes. Por exemplo, aqueles que já têm um bom nível de autoestima e de senso de autoeficácia, ou seja, os que se acham capazes de enfrentar e superar positivamente as dificuldades que encontram em seu percurso, podem encarar melhor as mudanças físicas e sociais que os envolvem.

Em segundo lugar, o apoio que as adolescentes sentem receber das pessoas que consideram importantes, especialmente de seus pais, representa uma ajuda valiosa na transição para a idade adulta. A esse respeito, alguns estudos mostram que o grau de informação fornecida através de intervenções educacionais pelos adultos de referência (pais e professores) sobre o advento da menarca e as consequências do ciclo menstrual influenciam positivamente o modo como as adolescentes enfrentarão esse evento. Enquanto uma comunicação negativa das mães, baseada em comentários críticos ou irônicos sobre o peso e a forma física das filhas que chegaram ao limiar da puberdade, gera nelas uma forte insatisfação em relação ao próprio corpo. A vulnerabilidade aos comentários críticos sobre o peso pode, a longo prazo, afetar negativamente a maneira como as meninas percebem e avaliam seu corpo e sua aparência física em geral. Além disso, o impacto das críticas negativas por parte de pessoas consideradas significativas é tão forte para as meninas que elas não são contrabalançadas por outras manifestações positivas: a única maneira de mitigar seu efeito é reduzi-las ou eliminá-las completamente.

Enfim, não se pode subestimar a importância do contexto cultural em que os adolescentes estão inseridos. As pressões sociais são mais fortes sobre as meninas do que sobre os meninos e, em geral, elas sentem-se menos satisfeitas com seus corpos do que seus pares. Na sociedade ocidental, os cânones da beleza feminina estão centrados em um ideal, baseado na magreza e na forma física, dificilmente alcançável pela maioria das meninas. Esses cânones, uma vez internalizados, podem levar as adolescentes a achar que a aparência e a conformidade a esse padrão representam o fundamento a partir do qual avaliar o seu valor pessoal. A importância atribuída à aparência física e a autoestima estão estreitamente ligadas, sobretudo no período compreendido entre os 12 e os 17 anos. Especificamente, a falta de correspondência ao ideal de beleza proposto pela mídia pode diminuir a satisfação com relação ao corpo, e essa insatisfação pode levar a uma diminuição da autoestima. Esses sentimentos negativos podem levar a arriscadas dietas para perda de peso e ao recurso inapropriado à cirurgia estética.

A importância atribuída às modificações do corpo tende, porém, a diminuir com o tempo. As pesquisas realizadas na Itália pela psicóloga social Giuseppina Speltini sobre a representação das mudanças do "eu" na adolescência, efetuadas em uma amostra de idade entre 12 e 18 anos, mostram que a ênfase dada às transformações físicas e suas consequências é maior na faixa etária entre 12 e 14 anos. À medida que a idade aumenta, para descrever as mudanças que marcam a transição da infância para a adolescência, os adolescentes se referem a dimensões mais abstratas, por exemplo, as características de personalidade e maneiras de ser, capazes de explicar sua singularidade.

O desenvolvimento cerebral

Até pouco tempo atrás, a maioria dos neurocientistas acreditava que, até os 12 anos, o cérebro humano teria praticamente completado o seu crescimento e que as mudanças que se verificavam nos hemisférios cerebrais nos anos sucessivos fossem menos importantes. Era uma opinião comum, de fato, que o desenvolvimento do adolescente ocorresse "do pescoço para baixo" e que os comportamentos às vezes irracionais e excessivos estavam relacionados à tempestade hormonal da puberdade. Os progressos no campo médico, especialmente no que diz respeito aos aparelhos utilizados para *escanear* a atividade cerebral, como, por exemplo, a ressonância magnética funcional, negaram essa suposição. Graças ao uso dessas novas tecnologias, os cientistas puderam, literalmente, observar como o cérebro evolui desde a infância, passando pela adolescência, até a idade adulta. Em particular, o neurocientista americano Jay Giedd, do Instituto Nacional de Saúde dos Estados Unidos, desde meados da década de 1990 monitorou, juntamente com sua equipe, a atividade cerebral de milhares de crianças e adolescentes, registrando a cada dois anos as imagens de como "funciona" cada cérebro individualmente. Os resultados mostram que o cérebro dos adolescentes não é tão maduro quanto o dos adultos, mas sofre uma série de mudanças significativas que afetam tanto a massa cinzenta como a substância branca.

No que diz respeito à massa cinzenta, no período entre os 6 e os 12 anos, assiste-se a um crescimento impressionante das células cerebrais, os chamados neurônios, e de suas conexões. Durante a infância, o cérebro maximiza as suas potencialidades, basta pensar na capacidade das crianças de recuperar a maior parte das funções cerebrais mesmo depois de traumas ou lesões graves. Depois dos 12 anos, porém, esse processo se interrompe e começa uma gradual diminuição, uma espécie de "poda" dos neurônios e de suas conexões, tanto que a massa cinzenta reduz em cerca de 7-10% ao ano. O cérebro, portanto, se especializa eliminando as partes menos usadas e menos úteis para o indivíduo. Essa reorganização continua até depois dos 20 anos e envolve primeiramente as partes posteriores do cérebro e por último o córtex pré-frontal, a região cerebral localizada atrás da testa. Essa parte do cérebro, muito mais desenvolvida na espécie humana do que em qualquer outra forma de vida, representa o nosso *sistema de controle cognitivo*, em outras palavras, atua como um policial, ajudando-nos a resistir aos impulsos, a avaliar os custos e os benefícios das nossas ações, a projetar o futuro e a tomar decisões sábias.

Se durante a adolescência as conexões entre as células cerebrais reduzem em termos de número, a capacidade de comunição delas melhora. Esse processo acontece através de um aumento da substância branca, chamada "mielina". A mielina é uma substância lipídica que envolve os axônios, a parte dos neurônios que entra em conexão com as outras células, atua como um isolante facilitando a transmissão dos impulsos cerebrais e aumentando sua velocidade e eficiência. O processo de mielinização é particularmente ativo na adolescência e se refere não apenas às áreas do córtex pré-frontal responsáveis pelo controle das ações, mas também por outra área importante do cérebro chamada "sistema límbico", que representa o *centro socioemocional* que regula tudo o que se relaciona com as nossas emoções. Além disso, as mudanças na substância branca também afetam as conexões entre as diversas partes do cérebro. Particularmente durante a adolescência, aumentam e multiplicam-se as conexões entre o córtex pré-frontal e o sistema límbico e paralímbico, ou seja, entre as partes racional e emocional do nosso cérebro.

Além dessas modificações estruturais, o cérebro dos adolescentes, em comparação com o dos adultos, é particularmente sensível às ações de alguns hormônios e neurotransmissores. Alguns estudos relacionam essas substâncias com a tendência dos adolescentes a avançar os limites, experimentando situações e comportamentos de risco.

Ronald Dahl, psiquiatra da Universidade de Pittsburgh, demonstrou em seus estudos como o sistema límbico é influenciado pela ação dos hormônios sexuais, estrogênio e testosterona, despertados pela puberdade: essa relação hormônio-cérebro aumentaria a necessidade de emoções e sensações fortes, enquanto o córtex pré-frontal, responsável pela capacidade de julgamento e controle, ainda está amadurecendo.

Giedd e seus colaboradores, porém, levantaram a hipótese de que a vulnerabilidade dos adolescentes diante de situações particularmente excitantes seja atribuível também ao aumento da presença da *dopamina*, especialmente no período compreendido entre os 14 e os 17 anos. O incremento desse neurotransmissor levaria os adolescentes a procurar e a desenvolver atividades consideradas fontes de gratificação. Entretanto, como as áreas cerebrais responsáveis pelo controle e as áreas associadas ao circuito prazer-recompensa ainda são imaturas, os adolescentes poderiam escolher atividades excitantes bastante perigosas. Em outras palavras, como sublinhado pelo próprio Dahl, a ativação do sistema emocional sem um adequado controle racional equivale a guiar um carro de corrida sem ter carteira de motorista.

As pesquisas no campo das neurociências ainda estão *em andamento*, mas esses resultados são muito interessantes e apresentam uma série de questões, especialmente nos países onde o sistema judiciário prevê processar pré-adolescentes e adolescentes envolvidos em atos criminosos muito graves, como assassinatos ou estupros, da mesma forma que um adulto.

Não devemos, porém, acreditar que os comportamentos desviantes sejam biologicamente determinados pelo desenvolvimento do cérebro e que o contexto em que os indivíduos crescem, como a família ou a escola, não seja relevante em ajudá-los a fazer escolhas responsáveis. Como veremos nos capítulos seguintes, a forma como os pais e os professores lidam e interagem com os adolescentes tem consequências significativas na capacidade deles de pensar e agir de forma responsável.

O desenvolvimento cognitivo

A passagem da infância para a adolescência é marcada também por profundas mudanças no modo de raciocinar sobre si mesmo e sobre a realidade circundante. Jean Piaget foi um dos primeiros a investigar as etapas desse desenvolvimento cognitivo e, no início de seus estudos, ele fez isso observando seus três filhos, Laurent, Lucienne e Jacqueline. As maneiras pelas quais as crianças se relacionavam com o mundo permitiram-lhe perceber que, desde a primeira infância, os indivíduos aprendem a raciocinar com base em dados concretos, obtidos através da exploração da realidade, da manipulação e da experiência com objetos.

Na adolescência, no entanto, o raciocínio sofre uma profunda mudança e os indivíduos entram no estágio definido por Piaget como "operações formais", que se caracteriza pela transição do concreto para o abstrato. Diferentemente da infância, de fato, o indivíduo não tem mais necessidade de ver ou manipular os elementos para chegar à solução de um problema, mas consegue individuar o melhor percurso a seguir através de uma apresentação verbal. Os adolescentes, portanto, podem utilizar tanto o pensamento concreto quanto o abstrato para analisar a realidade.

Além disso, enquanto as crianças baseiam o seu pensamento naquilo que é real ou limitado, os adolescentes, graças à crescente capacidade de abstração, começam a representar o mundo não apenas pelo que é, mas também por como deveria ser, com base em padrões ideais. Por exemplo: Carlos, um adolescente de 16 anos, pode imaginar como deveria ser um pai ideal e confrontar essa imagem padronizada com as características reais de seu próprio genitor. Alargando o horizonte cognitivo, sua colega Rita pode imaginar como se define uma sociedade justa e confrontá-la com aquela na qual vive, percebendo que a realidade não é perfeita, como provavelmente imaginava na infância, e principalmente que não é a única possível. Ao mesmo tempo, os dois adolescentes pensam como eles mesmos poderiam ser diferentes em outras circunstâncias históricas ou ambientais: "Como eu seria se tivesse nascido na China ou nos Estados Unidos? E se fosse na Idade Média?".

Além disso, com relação às fases precedentes de desenvolvimento, os adolescentes são capazes de raciocinar de maneira mais lógica. Se durante a infância os indivíduos resolviam os problemas por tentativas e erros, na adolescência começam a raciocinar como os cientistas, usando aquilo que Piaget define como "raciocínio hipotético-dedutivo". Em outras palavras, diante de um problema, os adolescentes formulam hipóteses partindo não só de fatos concretos, mas, sobretudo, de situações puramente imaginadas, que podem ser diferentes das experimentadas na realidade, e a partir de tais hipóteses deduzem e identificam a melhor solução a seguir. O raciocínio hipotético-dedutivo prevê, portanto, a capacidade de realizar uma análise combinatória entre os elementos: os adolescentes são capazes de analisar todos os fatores em jogo, não só separadamente, mas também imaginando todas as possíveis combinações, fazendo, portanto, um inventário de todas as diversas possibilidades.

O raciocínio hipotético-dedutivo também opera seguindo a lógica das proposições: os adolescentes não precisam mais de dados concretos para chegar à solução de um problema, mas são capazes de reduzir os fatos nas proposições e, fazendo elaborações cognitivas sobre elas, realizar inferências e deduções de vários tipos.

Para testar o desenvolvimento do pensamento operatório-formal, Bärbel Inhelder e Jean Piaget apresentaram diversos experimentos de ciências naturais, incluindo o problema do pêndulo, a vários adolescentes. Os participantes deveriam identificar qual variável entre o comprimento da corda, o peso do objeto a ela fixado e a força do impulso determinava a duração da oscilação do pêndulo. Quando o indivíduo atinge o pensamento operatório-formal, ele é capaz de representar todas as variáveis que influenciam a frequência de oscilação do pêndulo, para formular hipóteses sobre qual é o fator determinante e colocá-lo à prova até que todas as possibilidades tenham sido exploradas.

Segundo a psicóloga do desenvolvimento Paola di Blasio, a aquisição de todas essas capacidades cognitivas faz com que os adolescentes sintam uma espécie de "intoxicação de pensar", tanto que o mundo exterior, tão importante na infância, cede a primazia ao mundo interior.

Aos adolescentes, torna-se urgente a necessidade de analisar pessoalmente a realidade social que os rodeia, elaborar teorias, identificar as contradições do mundo adulto, questionar as normas, regras e valores sustentados pelos pais e elaborar novos, às vezes utópicos, conduzidos por seu comportamento. Esse exercício de pensamento, embora provoque discussões longas e exaustivas na família, produz efeitos positivos, pois favorece a habilidade dos indivíduos em colocar-se no lugar do outro, assumindo a sua perspectiva (*role taking*).

Além disso, como veremos a seguir, o pensamento formal permite que os indivíduos reflitam sobre si mesmos – o que são, o que querem e não querem se tornar no futuro – e comparem seus desejos com os vínculos da realidade. Os adolescentes começam a perceber que certos objetivos, desejados na infância, não são realistas, enquanto outros só podem ser alcançados com comprometimento e trabalho árduo. Esse tipo de raciocínio favorece o desenvolvimento da autoconsciência e autopercepção.

Box 2. Egocentrismo e adolescência

Os estudos de David Elkind ressaltaram como o aumento da autoconsciência pode levar a um forte egocentrismo. Em particular, o autor identifica duas formas que este egocentrismo pode assumir: a audiência imaginária e as fábulas pessoais.

A *audiência imaginária* refere-se ao fato de que os adolescentes muitas vezes pensam ser o centro das atenções: todos os olhos se concentram neles, como se fossem atores em um palco. Essa sensação pode explicar o medo dos adolescentes de serem julgados por seus colegas por causa de um penteado errado ou uma roupa inadequada. Muitas vezes, o desejo de ser notado pode levar a comportamentos que façam chamar a atenção para si.

A *fábula pessoal*, ao invés, refere-se ao fato de que os adolescentes tendem a superestimar seu senso de singularidade e invencibilidade. Por um lado, de fato, eles se acham tão diferentes dos outros, da maneira como sentem e veem as coisas, que ninguém no mundo poderá compreendê-los. Fernanda, uma garota de 15 anos, por exemplo, pode achar que sua mãe nunca será capaz de entender seus sentimentos e emoções ao viver a experiência do primeiro amor. Por outro, muitas vezes são animados por um forte otimismo irrealista que os leva a considerarem-se invencíveis, especialmente diante de comportamentos de risco. A esse respeito, um estudo realizado pelo psicólogo evolutivo Jeffrey Jensen Arnett apontou que as meninas com forte egocentrismo eram mais impetuosas do que as com baixo egocentrismo, que não corriam o risco de engravidar após uma relação sexual desprotegida.

Concluindo, podemos afirmar que o desenvolvimento do pensamento formal representa o objetivo mais evoluído da capacidade humana de raciocinar, mas esse desenvolvimento só pode ser plenamente realizado em um contexto social acolhedor e estimulante. A interação social e o papel fundamental dos adultos, especialmente dos pais e professores, favorecem o desenvolvimento cognitivo das novas gerações. Segundo o psicólogo norte-americano Jerome Bruner, os adultos, como educadores, devem desempenhar o papel de *andaimes*, ou seja, uma sustentação gradual e modular, de acordo com as habilidades das crianças e a natureza da tarefa; os adultos, administrando o tipo de condução, ajudam-nas a conquistar novas habilidades e a consolidar as aprendidas.

Discussões e debates, tanto com adultos quanto com colegas, também facilitam o desenvolvimento cognitivo. Vários estudos realizados por psicólogos da Universidade de Bolonha e da Universidade de Genebra mostraram que as crianças em idade escolar conseguem lidar mais facilmente com problemas de natureza lógica ou pragmática se tiverem a oportunidade de trabalhar em conjunto com os colegas para alcançar a solução. O debate acerca de diferentes opiniões pode gerar um conflito sociocognitivo que permite aos indivíduos, ao colocar-se no lugar do outro, analisar o problema de diferentes pontos de vista e chegar mais rapidamente à solução.

A formação da identidade e do conceito de si

As mudanças físicas induzidas pela puberdade e suas consequências na vivência emocional e social, além da ampliação do horizonte cognitivo, levam os adolescentes a fazer várias perguntas sobre si, sobre o que quer e o que pode vir a ser, tendo como base as suas habilidades, e sobre o que não quer ou tem medo de se tornar no futuro. Em outras palavras, na adolescência, a necessidade de responder a pergunta "Quem sou eu?" torna-se cada vez mais urgente.

Refletir sobre si mesmo não é uma ação introspectiva limitada à adolescência, os estudos mostram que as crianças começam precocemente a colocá-la em prática e que mesmo em idade adulta, em geral diante de mudanças inesperadas como a perda do trabalho ou de um ente querido, é exercitada. No entanto, nessa fase da vida torna-se uma reflexão particularmente profunda: ao atingir o limiar da idade adulta, os adolescentes sentem a urgência de reorganizar o conceito de si e de definir a própria identidade em termos mais pontuais. Podemos certamente afirmar que a conquista de uma identidade estável e madura representa a tarefa mais difícil e significativa que todo adolescente deve enfrentar durante o processo de crescimento.

A necessidade de se redefinir tem importantes repercussões no desenvolvimento moral individual. Os estudos dos psicólogos norte-americanos William Damon e Daniel Hart mostram que, na resolução do que os adolescentes querem ou não se tornar quando adultos, os valores morais são a base fundamental na qual ancorar e construir a definição de si mesmo. Confirmando isso, qualidades morais, como honestidade, generosidade e tolerância, acabam se tornando traços com os quais as pessoas se descrevem e com os quais querem ser reconhecidas pelos outros. Esse processo de integração não ocorre de forma acrítica: os adolescentes reavaliam e questionam os valores e princípios aprendidos durante a infância. Essa reformulação pode levar a conflitos com o mundo adulto, especialmente com os pais, sobre o que é certo e errado, mas são essenciais para alcançar sua própria autonomia de valores. Somente dessa maneira, de fato, os indivíduos serão capazes de desenvolver um sistema autônomo e independente de valores que orientem e regulem atitudes e comportamentos. Vamos aprofundar esse aspecto no próximo capítulo.

Naturalmente, as pessoas ligam a moral ao próprio Self de muitas maneiras. No entanto, como veremos mais adiante, quanto mais as normas morais são integradas e fazem parte da definição do Self, mais elas são preditivas do comportamento: em outras palavras, maior é a probabilidade de as pessoas agirem de acordo com elas.

O psicanalista e antropólogo Erik Erikson foi um dos primeiros estudiosos a ocupar-se de maneira sistemática do processo de formação da identidade. Segundo Erikson, a vida dos seres humanos pode ser definida como uma série de estágios, cada um marcado por um conflito vital que deve ser resolvido para se passar ao estágio seguinte. O conflito que caracteriza a adolescência diz respeito à elaboração da identidade, particularmente a tensão entre identidade e difusão de identidade. Os adolescentes são chamados a reconsiderar de maneira crítica a identificação infantil, com base em seus interesses, seus valores, suas habilidades e as oportunidades oferecidas pelo contexto em que se encontram. Por exemplo, Filipe foi educado pelos pais para seguir uma fé religiosa; ao chegar a essa fase de sua existência, precisa decidir se crê ou não nos princípios religiosos aprendidos na família, se esses princípios são importantes para ele, se quer continuar a segui-los ou seguir por um caminho diferente. O processo de formação da identidade na adolescência implica, portanto, questionar o que foi adquirido e dado como certo durante a infância e integrar de maneira original e pessoal as identificações e as diversas expressões de si que serão escolhidas durante esse processo. A aquisição da identidade adulta representa, então, um momento emocionante e ao mesmo tempo doloroso na vida dos adolescentes, uma vez que inevitavelmente implica algumas renúncias. Se, durante a infância, os indivíduos pensavam ter diante de si uma gama infinita de possibilidades futuras, na adolescência percebem que isso não é possível: eles devem escolher uma perspectiva de desenvolvimento, renunciando a outras também consideradas gratificantes e interessantes.

Segundo Erikson, o maior perigo que correm os indivíduos na adolescência é o da difusão da identidade ou do conflito de papel, que consiste em não conseguir integrar as diversas partes do Self em um sólido núcleo agregador, dando origem a uma "identidade dispersa" que, passando de uma identificação a outra, tenta vários papéis sociais diferentes em uma espécie de "turismo psicológico".

Por outro lado, quando a crise de identidade é resolvida de maneira positiva, a identidade que dela deriva será caracterizada pela coerência e continuidade no tempo através das diversas dimensões do Self, pela consciência das suas características pessoais, pela aceitação dos próprios limites e por um senso de reciprocidade que deriva de certo grau de correspondência entre a própria imagem de si e a refletida pelos outros.

Com o passar dos anos, o modelo proposto por Erikson foi submetido à verificação empírica por diversos autores. Em particular, o psicólogo evolutivo James E. Marcia aprofundou os resultados da crise de identidade identificando quatro estados de identidade (aquisição da identidade, fechamento, *moratorium* e difusão) que derivam da intersecção de duas dimensões: a exploração e o compromisso. O termo "exploração" refere-se ao modo (profundo *vs* superficial) e à quantidade de tempo empregada pelo indivíduo para investigar as alternativas possíveis nas diversas áreas relevantes para ele: por exemplo, a escola, o trabalho, a política, a religião, os papéis sexuais e a sexualidade. Já o compromisso diz respeito ao investimento de recursos e energia na alternativa escolhida entre as diversas opções consideradas pelo indivíduo.

Em consonância com o pensamento de Erikson, indivíduos que alcançaram o estado de *aquisição da identidade* exploraram de forma sistemática e significativa as várias alternativas e assumiram compromissos firmes de longo prazo.

No caso do estado de *fechamento*, os adolescentes empenharam-se em determinada área, mas tal escolha foi feita sem uma adequada exploração das alternativas e adotando papéis e valores inspirados na identificação infantil. É o caso de quem escolhe a mesma carreira do pai ou da mãe sem levar em consideração outras possibilidades de trabalho.

O estado de *moratorium* caracteriza os adolescentes empenhados na fase exploratória e de pesquisa de papéis sociais relacionados às suas aspirações, mas que ainda não assumiram compromissos precisos. Nota-se, no entanto, um esforço importante para alcançar tal objetivo.

Por fim, o estado de *difusão*, semelhante ao que foi formulado por Erikson, corresponde a quem fez várias tentativas superficiais de exploração mas demonstra uma falta quase absoluta de compromisso.

Estudos recentes evidenciaram a importância de considerar também a intensidade e o grau de envolvimento em relação ao compromisso. De fato, quanto mais os adolescentes se identificam com a alternativa escolhida, mais ela se tornará uma parte central da definição de si e mais a seguirão, mesmo diante das dificuldades que encontrarem.

Além disso, a aquisição de identidade passa por outras crises e resoluções e nunca pode ser considerada definitivamente concluída. As áreas problemáticas que os adolescentes precisam enfrentar são muitas e não se diz que um indivíduo é capaz de enfrentar a todas e desenvolver um compromisso efetivo em relação cada um delas. Retomando o exemplo precedente, Filipe pode viver uma crise profunda em relação às religiões e escolher uma, depois de ter avaliado minuciosamente as alternativas disponíveis, enquanto pode decidir lidar mais tarde ou de maneira menos analítica com o problema de assumir uma posição clara em âmbito político.

Ainda, uma escolha pode ser repensada: Filipe, que aos 14 anos havia decidido prosseguir em seu compromisso religioso, e talvez continuasse frequentando o grupo de escoteiros no qual os pais o haviam inscrito quando criança, ao chegar aos 17 anos pode reconsiderar o valor que atribuíra à religião, porque não se alinha mais com suas ideias, e decidir renunciar a tal compromisso em favor de alternativas que correspondam às suas necessidades atuais, por exemplo, interessando-se por outra religião ou tornando-se ateu ou agnóstico.

É importante, porém, considerar que o resultado positivo do processo de reelaboração da identidade depende também do apoio social com o qual o adolescente pode contar. Como ilustraremos no último capítulo, a família, a escola e os amigos representam lugares privilegiados de apoio e de experimentação nos quais os indivíduos podem encontrar ajuda, envolver-se e confrontar-se com outros similares a si. Tais contextos sociais desenvolvem um papel importante em ajudar os adolescentes a enfrentar o processo de elaboração e redefinição da própria identidade.

Como vimos, a passagem da infância para a adolescência é caracterizada por numerosas mudanças: o corpo muda e as pessoas precisam lidar com os efeitos psicológicos e sociais que essas mudanças produzem, em primeiro lugar no plano das pulsões da libido e dos sentimentos afetivos; as habilidades cognitivas permitem elaborar conceitos cada vez mais abstratos e distantes da realidade concreta, o conceito de si evolui através de uma tendência a diferenciar-se e integrar-se, e cresce a necessidade de serem reconhecidos pelo mundo externo como indivíduos portadores da própria unicidade. Todas essas mudanças muitas vezes colocam os adolescentes diante de dilemas morais sobre as escolhas e os objetivos corretos a perseguir.

Em âmbito pessoal, os adolescentes precisam tomar posição sobre temas importantes, tais como o tipo de pessoa que querem se tornar, os valores morais que desejam assumir como guia do seu comportamento e a sua sexualidade.

No processo de elaboração da própria identidade os adolescentes são impulsionados pela necessidade de estabelecer relacionamentos novos e mais maduros com pessoas de ambos os sexos, para dar um significado socialmente aceitável e compatível com a própria perspectiva ética às pulsões da libido (genitais) que sentem, e que inicialmente lhes criam constrangimento, para comprometer-se em uma relação afetiva que tenha também uma dimensão propriamente sexual com um(a) parceiro(a). A aquisição de uma identidade sexual madura frequentemente passa também pela necessidade de estabelecer relações diferentes com o próprio corpo, que também assume o significado de objeto erótico: coloca-se para o adolescente o problema do significado a dar à descoberta do autoerotismo e ao seu principal instrumento que é a masturbação.

Ao lidar com essas questões os adolescentes também são fortemente influenciados pelo contexto social. Em uma sociedade como a nossa, na qual a secularização modificou muito o significado do ato sexual, o controle social dos pais e da vizinhança diminuiu grandemente, a disseminação de contraceptivos permitiu superar o medo de uma gravidez indesejada e a comunicação social oferece a oportunidade de entrar em contato com um mundo cada vez maior, meninas e meninos vivem grande parte do tempo juntos e a oportunidade de vivenciar relações sentimentais aumentou bastante em comparação com o passado. Além disso, os adolescentes são submetidos a uma forte pressão da mídia: o cinema, a televisão e a internet enviam constantemente mensagens sexuais de diferentes formas, desde a abordagem científica até a pornografia mais explícita, porém sem fornecer ferramentas interpretativas adequadas. "Em vários filmes que vi recentemente" – disse Geraldo, um simpático jovem de 17 anos de idade – "basta trocar duas palavras com uma menina numa discoteca para levá-la para a cama, sem nem saber quem ela é".

Diversos estudos mostram que uma porção considerável dos adolescentes tem as primeiras experiências sexuais em torno dos 15-17 anos. Essas experiências também podem realizar-se mais cedo; muitas investigações, porém, mostram como depois são julgados pelos próprios protagonistas, sobretudo as meninas, como muito prematuras e insatisfatórias. E ainda, viver precocemente experiências sexuais sem estar preparado pode ter efeitos negativos que repercutem sobre o âmbito afetivo-emocional e sobre a imagem do Self.

Diante de tais escolhas, muitos adolescentes sentem a necessidade de serem apoiados por adultos competentes, sinceros, compreensivos, capazes de ajudá-los a viver experiências afetivas satisfatórias de maneira consciente e responsável.

Enfim, adquirir o status de adulto quer dizer lidar com temas éticos e existenciais relacionando-os a outros de relevância social que dizem respeito à convivência civil, à legalidade, à bioética, ao multiculturalismo, à religião e à política. Como os adolescentes desenvolvem a capacidade de lidar com esses temas "morais" e de fazer escolhas a respeito deles? Quais são os fatores capazes de favorecer a capacidade das novas gerações de raciocinar sobre esses temas? Vamos tentar responder a essas perguntas nos próximos capítulos.

2. O papel das regras

Raciocínio e agir moral

No livro *O senhor das moscas*, de 1954 (tradução: Geraldo Galvão Ferraz. Rio de Janeiro: Nova Fronteira, 2011), um grupo de crianças, depois de um acidente aéreo, se encontra em uma ilha deserta no meio do oceano Pacífico, enquanto acontece uma hipotética terceira guerra mundial. Todos os adultos que as acompanhavam morreram no desastre, então as crianças estão sós e devem enfrentar um mundo selvagem e desconhecido. A jovem comunidade, desde o início, entende a necessidade de estabelecer regras para organizar-se e aumentar as chances de sobrevivência. Em primeiro lugar, é necessário eleger democraticamente um líder.

> "Acho que devemos ter um chefe para decidir as coisas."
> "Um chefe! Um chefe!"
> "Eu devo ser o chefe", disse Jack com ingênua arrogância, "pois sou chefe do coro e solista. Posso cantar em dó sustenido."
> Outro vozerio.
> "Bem, então", disse Jack, "eu..."
> Hesitou. O menino moreno, Roger, mexeu-se afinal e falou.
> "Vamos fazer uma votação."
> "Sim!"
> "Votar por um chefe!"

Depois, dividem as tarefas entre os membros do grupo: alguns construirão refúgios para a noite, outros acenderão e cuidarão de uma grande fogueira para sinalizar a sua presença aos navios que passarem naquela região remota, outros ainda deverão providenciar comida para todos com caça e colheita de frutas e vegetais comestíveis. Para evitar confusão durante as reuniões, considera-se necessário estabelecer alguns procedimentos para decidir os turnos de fala: cada membro só poderá falar durante a assembleia se estiver com a grande concha branca encontrada na praia logo após o desastre. Apesar das boas intenções, porém, a tentativa de recriar uma sociedade justa baseada em regras democráticas sólidas logo falhará. Muitos dos membros, especialmente os mais jovens, apesar de conhecer as regras, não conseguem respeitá-las e passam o dia brincando na praia em vez de construir abrigos ou cuidar do fogo. A inveja e a luta pelo poder aos poucos suplantam a busca do bem comum, levando os meninos a comportamentos violentos e irracionais que, além de causar a morte de dois membros do grupo, ameaçam incendiar a ilha inteira.

Este exemplo mostra a complexa relação entre regras morais e agir moral: desde o início da primeira infância, os pais e outros adultos de referência ensinam os mais jovens a respeitar as regras. As regras tornam possível a vida social, indicando qual é o comportamento adequado nas diversas situações, o que é permitido e o que é proibido fazer. A referência ao respeito às normas e regras aumenta, sobretudo, no segundo ano de vida, quando as crianças se tornam capazes de afastarem-se sozinhas e machucarem a si mesmas

("Não mexa na faca!") e aos outros ("Não puxe o cabelo da sua irmãzinha!") e continua por toda a adolescência, ainda que o seu conteúdo refira-se principalmente ao comportamento social. Todavia, como cada pai e professor descobre durante a sua experiência educativa, o mesmo conceito de regra assume significados diferentes ao longo do desenvolvimento: no início, as crianças parecem respeitar as regras por medo das punições ou para obter um prêmio, como um sorvete ou um brinquedo novo; apenas com o passar do tempo conseguem compreender a fundamental função social.

Neste capítulo, vamos nos concentrar na complexa relação entre regras e moralidade, analisando em detalhe como as crianças e os adolescentes se colocam diante delas, como desenvolvem a capacidade de compreender e por que decidem respeitá-las ou não. Para compreender tal relação, faremos referência a uma escola de pensamento, chamada "cognitivo-evolutiva", que, mais que qualquer outra, sustenta que a moralidade consiste principalmente na aquisição de um sistema de normas coerente e integrado. Na base dos estudos que animam essa linha de pensamento existe a ideia de que a capacidade de atribuir significado moral às diversas situações da vida envolve uma estreita conexão com as etapas do desenvolvimento cognitivo: uma maior maturidade intelectual corresponde à capacidade de enfrentar temas morais cada vez mais complexos. O desenvolvimento moral segue um percurso constituído de uma sequência de estágios, cada um mais elaborado que o anterior, que oferece a possibilidade de o indivíduo pensar em termos mais elevados, abstratos e racionais. Além disso, os estágios não podem ser saltados: cada um é vinculado à conquista e à compreensão do anterior.

A consciência e a prática das regras

Como as crianças se comportam diante das regras? Como as aprendem? Qual é o nível de consciência a respeito delas nas diversas fases do crescimento? Questões desse tipo exprimem muitas das ansiedades educativas dos pais modernos, como também o demonstram alguns programas televisivos, com um alto índice de audiência, nos quais "babás" especializadas intervêm para ajudar mamães e papais à mercê de seus pequenos tiranos.

A psicologia do desenvolvimento já no início do século passado havia procurado responder a tais questões esclarecendo os processos psicológicos, cognitivos e sociais na base da aprendizagem das normas e regras. Piaget foi o autor que, mais do que qualquer outro, estudou esses processos profunda e sistematicamente, "colocando-se à altura da criança". O autor, de fato, começou a brincar de bolinhas de gude com muitas crianças de diferentes idades e, enquanto brincava, fazia perguntas sobre a natureza e a aplicação das regras do jogo. As respostas que obteve forneceram informações importantes sobre como nas crianças se desenvolvia a consciência das regras e como eram efetivamente aplicadas. Os dados coletados permitiram-lhe identificar os estágios através dos quais o desenvolvimento moral evolui e o modelo elaborado foi publicado em 1932 no famoso texto *A consciência moral da criança*.

Até os 3-4 anos, as crianças encontram-se em um estado de *anomia*, caracterizado pela ausência das regras: nesse período, chamado *pré-moral*, as crianças não têm interesse algum e pouca consciência do que é e para que serve uma regra. Observando as crianças dessa idade brincar, é evidente que elas não seguem regras estabelecidas, mas as inventam conforme seus desejos e segundo esquemas de comportamento habituais: por exemplo, jogam a bolinha de gude para cima, fazem uma bater na outra atraídas pelo som produzido, colocam-nas em fila ou todas juntas. Mesmo que mais crianças brinquem juntas, o jogo permanece incoerente, sujeito à fantasia do momento.

Posteriormente, as ideias sobre o significado das regras se tornam mais sistemáticas. Entre os 4-5 e os 9 anos as crianças entram na fase do *realismo moral*, na qual as regras são percebidas como absolutas e irreversíveis. Em outras palavras, as regras são consideradas como propriedades imutáveis e necessárias do mundo, sobre as quais as pessoas não conseguem exercer nenhum controle. Na verdade, qualquer tentativa de modificá-las, adaptando-as à situação ou às necessidades dos participantes, representa uma transgressão e uma violação delas. Nesta fase prevalece uma *moral heterônoma*, no sentido de que o que é certo e o que é errado é irrevogavelmente definido pelas próprias regras, e a validade delas é determinada apenas pela autoridade (os pais, o professor, Deus, a polícia), percebida como infalível. Portanto, o bem se identifica estritamente com a obediência. Neste período, no entanto, podemos ver como o uso das regras muda de acordo com o nível de desenvolvimento cognitivo. Até os 5-6 anos, período em que prevalece o pensamento egocêntrico, as crianças aplicam as regras impostas do alto de forma acrítica. Observando crianças dessa idade brincando com bolinhas de gude, Piaget percebeu que cada uma tinha suas próprias regras e as mantinha durante todo o jogo. Em outras palavras, as crianças não conseguiam unificar as diferentes posições para elaborar uma norma comum, mas cada uma tentava "vencer em sua própria perspectiva".

Apenas em torno dos 7-8 anos, coincidindo com a fase de *pensamento operatório*, as crianças começam a sentir cada vez mais o desejo de jogar com colegas seguindo critérios claros e objetivos. Torna-se urgente construir um sistema de regras compartilhadas que permitam definir como jogar e identificar o vencedor.

A partir dos 10 anos, as crianças entram em uma fase de *relativismo ou subjetivismo moral*, em que uma concepção menos rígida e esquemática começa a prevalecer: as regras não são mais concebidas como impostas pela autoridade e, portanto, imutáveis, mas representam o resultado de um consenso e, como tal, podem ser alteradas. Em particular, começa a abrir caminho na mente das crianças uma *moral autônoma*, uma instância interna que orienta os comportamentos e as escolhas dos indivíduos, e que se distingue pela atenção prestada à reciprocidade e à cooperação nas interações com os outros, pela convicção de que cada participante tem direito a ser tratado com respeito, de maneira justa. A prática das regras atinge seu ápice em torno dos 11-12 anos, com a aquisição do pensamento hipotético e dedutivo. Nesta fase, os adolescentes mostram um grande interesse pelas regras como tais, envolvendo longas discussões com os colegas sobre quais seriam as verdadeiras regras do jogo, sobre os critérios para atribuir pontos e decidir os vencedores.

Tab. 1 – Os estágios da compreensão moral segundo Piaget

Estágio de desenvolvimento	Fase da idade (em anos)	Características
Pré-moral	Até os 4 anos	Nenhuma compreensão das regras ou das bases do que é certo ou errado
Realismo moral	Dos 4 aos 9-10 anos	As ações são julgadas pelo resultado material. As regras são emanadas pela autoridade; não podem ser mudadas. Errado é qualquer coisa que um adulto proíba.
Subjetismo/ relativismo moral	A partir dos 9-10 anos	As ações são julgadas segundo as intenções. As regras são feitas pelas pessoas. Podem ser mudadas se houver um acordo recíproco. Errado é a transgressão dos princípios morais.

Fonte: H. R. Schaffer, *Lo sviluppo sociale*, Milano, Cortina, 1998, p. 339.

A violação das regras

Vejamos agora o que acontece quando as regras são violadas e como as crianças percebem os castigos relacionados à transgressão. Piaget contava às crianças duas histórias e em ambas um ou uma pequena protagonista fazia algo errado; o que mudava era o grau de intencionalidade ligada à ação.

Eis um exemplo dessas histórias:

> Um menino chamado João está em seu quarto. É chamado para comer. Ele vai para a sala de jantar, mas atrás da porta há uma cadeira e sobre ela uma bandeja com quinze xícaras. João não poderia saber que tudo isso estava atrás da porta: entra, a porta bate na bandeja e as quinze xícaras se quebram.
>
> Era uma vez um menino chamado Henrique. Um dia, quando a mamãe não estava, ele quis comer um pouco do doce guardado no armário. Ele subiu numa cadeira e esticou o braço. Mas o doce estava muito alto e não conseguiu pegá-lo. Enquanto tentava pegar, esbarrou numa xícara. A xícara caiu e quebrou.

As duas histórias têm como tema o descuido. No entanto, na primeira, o dano, apesar de ser grande, é acidental, e na segunda, ao contrário, é o resultado de uma ação intencional: o incidente ocorreu enquanto a criança estava tentando pegar o doce escondido da mãe.

Piaget perguntava aos participantes se João e Henrique eram igualmente culpados ou se um dos dois era mais do que o outro e por quê. Das respostas das crianças de diferentes idades concluía-se que, para os menores, que se encontravam na fase de *moral heterônoma*, as consequências das ações (*responsabilidade objetiva*) eram mais importantes que as intenções (*responsabilidade subjetiva*). Em outras palavras, João, o menino que quebrou mais xícaras, é julgado "mais culpado" e por isso merecia receber uma punição mais severa do que Henrique. Na fase de *moral autônoma*, porém, o critério com o qual as ações são avaliadas não diz mais respeito ao dano causado, mas às motivações que estão na base dos comportamentos, por isso, Henrique é considerado mais culpado do que João.

É interessante notar que a transição do realismo ao relativismo moral marca uma mudança na noção de justiça e no modo como as regras são aplicadas e respeitadas. Piaget aprofundou o estudo sobre o desenvolvimento da noção de justiça apresentando aos participantes das histórias em que um ou uma pequena protagonista cometia alguma infração (fazer uma traquinagem, dizer uma mentira, desobedecer a um adulto) e, quando descoberta, era punida pelos pais. Eram apresentadas diversas punições e os participantes deveriam indicar a que achavam mais justa. Os resultados mostram a existência de duas noções de justiça que caminham lado a lado com o desenvolvimento moral. À moral heterônoma corresponde a noção de justiça retributiva, ou seja, a ideia de que deva haver uma proporção entre mérito e prêmio e entre transgressão e punição. Imaginemos que Nicolas tenha estragado o ursinho favorito de sua irmã Graça: qual será o castigo justo? Para as crianças guiadas pela moralidade heterônoma, o sofrimento causado pelo castigo deve satisfazer a necessidade de vingança de quem foi ofendido pela transgressão, portanto o justo é estragar o robô preferido de Nicolas. É a lógica do "olho por olho, dente por dente": estragar um brinquedo é a única maneira de fazer as coisas voltarem à ordem natural.

À *moral autônoma* corresponde, porém, a noção de *justiça distributiva*, que se baseia na igualdade dos indivíduos, ou seja, na ideia de que todos devem respeitar as regras. Nessa perspectiva, as punições não têm um simples caráter de sanção, mas de reciprocidade: não faz sentido castigar Nicolas estragando o seu precioso robô, mas é necessário encontrar uma punição, na medida da gravidade da culpa, capaz de fazê-lo compreender as consequências dos atos cometidos e a importância da reparação. Esse aspecto emerge, sobretudo, a partir dos 11-12 anos, quando se torna evidente o conceito de equidade; nesse ponto, de fato, o caráter expiatório da punição é superado e a atenção recai sobre as consequências ligadas ao rompimento do vínculo social provocado pela transgressão e sobre a necessidade de retomá-lo. Em outras palavras, os indivíduos dessa idade começam a ser guiados pela "regra de ouro" de "não faça aos outros o que não quer que façam com você".

Resta descobrir o que facilita o desenvolvimento moral nos indivíduos. Para Piaget, existem dois fatores fundamentais: a *capacidade cognitiva* e a *experiência social*.

Como vimos no capítulo anterior, graças ao desenvolvimento cognitivo os indivíduos passam de uma visão "egocêntrica", em que o próprio ponto de vista é considerado o único existente, a uma visão mais "social", em que sabem distinguir entre a dimensão subjetiva e a objetiva, entre realidade psicológica interna e realidade externa, e sabem levar em consideração a perspectiva alheia (processo que como vimos é chamado *role taking*). Este modo de pensar aparecerá com o advento do pensamento lógico-formal, que permite superar o pensamento infantil para alcançar o pensamento adulto.

Com a expressão "experiência social", Piaget se refere, sobretudo, à interação entre as crianças, mais do que às estabelecidas com os adultos. Os adultos tendem a impor as regras e as crianças só as respeitam por causa da autoridade que eles representam, sem compreender o pleno significado. No grupo de seus pares, onde todos os membros estão no mesmo plano, as crianças costumam vivenciar conflitos interpessoais sobre como a brincadeira deveria desenvolver-se e sobre as regras que deveriam ser aplicadas. A necessidade de resolver as diferenças entre as próprias expectativas e as dos outros dá origem a um conflito cognitivo que se resolve somente quando as regras não são mais percebidas como impostas pela autoridade, mas como contratos sociais que dependem de um acordo entre as partes.

Estudos mais recentes mostram ainda que as crianças são capazes de escapar das regras impostas pelos adultos, elaborando regras alternativas ou estratégias de comportamento em grupo. O sociólogo norte-americano William A. Corsano, estudando as interações sociais nas escolas de educação infantil, observou que as crianças usavam uma série de estratégias compartilhadas, chamadas "adaptações secundárias", para escapar das normas escolares. Uma delas dizia respeito à proibição de trazer brinquedos ou objetos de casa para a escola. As crianças frequentemente violavam a regra levando pequenos objetos escondidos em seus bolsos e compartilhando-os com seus colegas. Esse compartilhamento ocorria com cautela, as crianças envolvidas evitavam agir abertamente e, assim, chamar a atenção dos professores.

A importância dos colegas na compreensão e na prática das regras não significa que os adultos devam deixar de desempenhar seu papel educativo, mas devem facilitar as oportunidades de encontro e de brincadeira e, principalmente, diante dos conflitos que acontecerem, deixar as crianças resolverem sozinhas. Essas situações, de fato, representam contextos privilegiados de desenvolvimento em que as crianças podem aprender a interpretar as regras de forma crítica e seletiva, baseando-se no respeito mútuo e na cooperação.

Regras e justiça

Até aqui vimos como, ao longo da sua experiência social, as crianças entram em contato com as regras. Entretanto, se de um lado esperamos que as novas gerações consigam respeitá-las, de outro não queremos que as apliquem de modo acrítico e automático, mas desejamos que sejam capazes de opor-se às normas sociais que violam os princípios éticos e morais fundamentais. Existem muitos exemplos na história, talvez o mais emblemático seja o que surgiu durante o processo de Nuremberg: as pessoas submetidas a julgamento, mesmo tendo agido de maneira aberrante, consideravam-se inocentes, visto que estavam apenas obedecendo a ordens impostas pela autoridade.

É importante, portanto, entender como ao longo do desenvolvimento os indivíduos aprendem a compreender os princípios de justiça que estão na base das regras sociais e, diante de abusos e injustiças, que sejam capazes de opor-se às normas que não os respeitam.

O estudioso mais importante neste âmbito de pesquisa foi Lawrence Kohlberg que, na década de 1960, elaborou uma teoria sistemática, segundo a qual o desenvolvimento moral não é nada além do que a descoberta dos princípios da justiça pelos seres humanos, e demonstrou empiricamente que esse conhecimento evolui gradualmente na passagem da infância para a adolescência, adquirindo maior escopo, racionalidade e coerência.

Kohlberg e seus colaboradores apresentavam aos participantes algumas histórias contendo dilemas morais construídos de forma a forçar cada indivíduo a enfrentar diferentes valores conflitantes e, em seguida, escolher o final da história considerado mais "justo". A seguir, propomos o exemplo mais famoso e citado nos livros didáticos, embora hoje talvez pareça pouco realista: o dilema de Heinz.

O dilema de Heinz

Uma mulher estava morrendo de um tipo específico de câncer. Havia apenas um medicamento que os médicos diziam que poderia curá-la: um tipo de radioisótopo que um farmacêutico da cidade havia descoberto. O medicamento era muito caro, mas o farmacêutico pedia um valor dez vezes mais alto do que custava para fabricá-lo. Ele pagava $ 200 pelo radioisótopo e pedia $ 2.000 por uma pequena dose do medicamento. O marido da mulher doente, Heinz, pediu dinheiro emprestado a todos os seus conhecidos, mas só conseguiu $ 1.000, metade do que custava o medicamento. Ele foi ao farmacêutico e disse-lhe que sua esposa estava morrendo, pediu um desconto ou um tempo maior para pagar o medicamento. Mas o farmacêutico disse: "Não, eu descobri o medicamento e quero ganhar dinheiro". Então Heinz ficou tão desesperado que invadiu a loja para roubar o medicamento para sua esposa. Heinz devia roubar o medicamento?

O que interessava a Kohlberg e a seus colaboradores não era a simples resposta a essa pergunta, mas as explicações dadas pelos participantes para justificar a posição tomada.

Analisando essas respostas, que contemplavam a possibilidade de Heinz roubar ou não o medicamento, Kohlberg identificou uma sequência de *três níveis* ou fases do julgamento moral: pré-convencional, convencional e pós-convencional, cada um correspondendo a uma maneira específica de considerar a relação entre regras e princípios de justiça. Cada um dos três níveis é subdividido em dois estágios. Segundo o autor e a sua escola, o desenvolvimento moral progride para níveis sempre mais maduros e, com base na suposição da universalidade moral elaborada pelo filósofo Immanuel Kant, tal modalidade de desenvolvimento seria comum a todo o gênero humano, independentemente do contexto histórico e sociocultural.

• *Nível pré-convencional*

O nível pré-convencional é a modalidade de raciocínio dominante nas crianças com idade inferior a 9-10 anos, mas é visto também em adultos com histórico de comportamento desviante recorrente. Quem se encontra neste nível de raciocínio, não compreendeu nem interiorizou a relação entre as regras e suas funções sociais. Como na fase de realismo moral identificada por Piaget, o raciocínio que orienta os comportamentos deriva de uma perspectiva individual concreta que considera a si e aos outros como entidades essencialmente isoladas. As regras são representadas pela autoridade externa, as quais devem ser cumpridas apenas para obter benefícios ou evitar punições.

Estágio 1. Orientação prêmio-punição. A autoridade, que nunca é questionada, define as regras que todos devem cumprir. A criança respeita as regras para não ser punida, mas também pode não considerar errada a transgressão se não for descoberta e sancionada. As crianças raciocinam segundo uma perspectiva egocêntrica em que não é contemplada a possibilidade de que os outros tenham um ponto de vista diferente do seu. A gravidade do comportamento alheio é julgada com base no dano causado; as intenções e motivações que levaram ao comportamento não são avaliadas e a perspectiva da autoridade é confundida com a própria.

Voltando ao dilema de Heinz, a seguir são apontados dois exemplos de respostas que refletem o raciocínio de um indivíduo que se encontra nesse estágio:

A favor do furto: deve roubar o medicamento, porque do contrário as pessoas o julgarão mal por ter deixado a mulher morrer.

Contra o furto: não deve roubar o medicamento porque pode ser preso.

Estágio 2. Orientação individualista e instrumental. Quem se encontra neste estágio só considera importante respeitar as regras se puder ser beneficiado por elas. Em relação ao estágio precedente, as crianças assumem uma perspectiva individualista concreta, que reconhece que os outros também têm pontos de vista, interesses e necessidades diferentes, e que tal diversidade pode levar ao conflito. O acordo certo e o intercâmbio justo entre as partes de acordo com uma lógica de reciprocidade baseada no *do ut des* representam o modo privilegiado de resolver cada disputa.

Eis como um indivíduo neste estágio poderia responder ao dilema de Heinz:

A favor do furto: Heinz não está fazendo nenhum mal concreto ao farmacêutico e poderá pagar depois. Se não quer que a esposa morra, deve pegar o medicamento.

Contra o furto: Heinz não deve roubar o medicamento. O farmacêutico quer ganhar dinheiro como qualquer outra pessoa. Isso é o que se faz no mundo dos negócios.

• *Nível convencional*

O nível convencional aumenta na adolescência e permanece sendo a modalidade de raciocínio para a maioria dos adultos. Ao alcançar este nível, os adolescentes interiorizaram regras e expectativas sociais e estão interessados em conseguir aprovação social e em manter os relacionamentos baseados na lealdade. Ao enfrentar situações morais, são orientados pela perspectiva de quem se percebe como membro efetivo da sociedade, onde existem valores partilhados que, independentemente dos interesses pessoais e das necessidades individuais, devem ser subordinados aos da coletividade.

Estágio 3. Orientação do bom rapaz ou do conformismo. Na adolescência, os indivíduos aprendem a regular o comportamento com base nos papéis por eles exercidos (criança, irmão, aluno, amigo etc.) e conscientizam-se das expectativas de seu círculo social (pais, irmãos, professores, amigos etc.). Neste ponto, percebem a importância de estabelecer relações baseadas na confiança, no respeito e na gratidão, para obter a aprovação de pessoas que consideram significativas e para satisfazer a necessidade de afeto e inclusão social. O significado da "regra de ouro" da moral torna-se claro: "Não faça aos outros o que não gostaria que fizessem a você". A perspectiva social que os indivíduos assumem é a comunitária, no sentido de que os interesses do grupo prevalecem sobre os do indivíduo.

Ao enfrentar o dilema de Heinz, os adolescentes que chegam aos terceiro nível podem dar as seguintes explicações:

A favor do furto: roubar é errado, mas Heinz está agindo como um bom marido. Não se pode culpá-lo por fazer algo por amor a sua mulher. Poderia ser repreendido se não a tivesse salvado.

Contra o furto: se a mulher morrer, Heinz não pode ser culpado. O farmacêutico é que foi egoísta e sem coração. Heinz fez o possível.

Estágio 4. Sistema social e consciência. Quando os adolescentes chegam a este estágio, são capazes de diferenciar entre o ponto de vista da sociedade e o dos relacionamentos interpessoais. Em relação ao estágio precedente, os adolescentes respeitam as regras não para agradar ou por medo de desapontar os membros do próprio grupo, mas porque entendem que o respeito às normas representam o único meio de manter e proteger a ordem social. O ponto de vista assumido é o societário: qualquer controvérsia deve ser resolvida tendo como ponto de partida a pesquisa do que é mais útil à sociedade. Os estudos de Kohlberg mostram que a maioria dos seres humanos completa o desenvolvimento moral justamente ao atingir o quarto estágio. Eis dois exemplos de como as pessoas neste estágio poderiam responder ao dilema de Heinz:

A favor do furto: Heinz respeita as leis, mas sabe que elas não podem levar em consideração cada circunstância particular.

Contra o furto: Heinz deveria respeitar a lei porque ela serve para proteger a produtividade e o funcionamento ordenado da sociedade.

• *Nível pós-convencional*

Para quem alcança o nível mais elevado do desenvolvimento, os julgamentos morais se baseiam em uma profunda adesão a princípios de natureza ética, como a liberdade, a equidade e a solidariedade. As regras sociais são aceitas e plenamente cumpridas justamente porque se é capaz de compreender os princípios éticos que as sustentam. Torna-se evidente que na vida podem verificar-se situações em que as regras institucionais entram em conflito com os princípios morais; para os indivíduos que se encontram neste nível de desenvolvimento, a moralidade transcende a autoridade das normas e convenções sociais e reside no respeito aos princípios éticos universais. Nesse sentido, fala-se em uma perspectiva na qual os valores morais universais têm primazia sobre as regras sociais.

Estágio 5. Contrato social e direitos individuais. Quando este estágio é alcançado, em geral por uma minoria da população com idade entre 20-22 anos, emerge a consciência de que as regras e as leis são relativas, ou seja, são determinadas por acordos e negociações entre os seres humanos, e que a sua observação representa a garantia da imparcialidade e do respeito aos direitos individuais. Não obstante, a prioridade é dada aos valores fundamentais, como a defesa da vida e da liberdade, que não podem ser relativizados e consequentemente devem ser respeitados independentemente da organização social. As respostas ao dilema de Heinz mostram claramente a distinção entre o que é legal e o que é moral:

A favor do furto: há uma vida humana em jogo e isso justifica o comportamento de Heinz e transcende os direitos do farmacêutico sobre o medicamento.

Contra o furto: é possível vislumbrar o bem que deriva do furto do medicamento. Porém, o fim não justifica os meios. É necessário ater-se às leis porque os indivíduos concordaram em respeitá-las para que pudessem viver em harmonia. Heinz não está completamente errado em roubar o medicamento, mas, não obstante, as circunstâncias não lhe dão o direito de fazê-lo.

Estágio 6. Princípios éticos e universais. Este estágio representa, segundo Kohlberg, a moral na sua forma mais pura, a ponto de ser considerado como a verdadeira essência da justiça, raramente alcançável por grande parte da população. Os indivíduos adquirem a consciência de que as leis só são válidas se forem baseadas em princípios e valores éticos, como a justiça, a igualdade de direitos e o respeito pela dignidade de cada ser humano. A perspectiva moral assumida considera a pessoa como a finalidade que toda lei e norma devem perseguir e tutelar. Caso haja um conflito entre lei e consciência, a pessoa prefere seguir esta última, ainda que esta decisão possa colocá-la em risco.

Neste caso, diante da escolha de Heinz, as pessoas poderiam dar estes tipos de respostas:

A favor do furto: se uma pessoa precisa decidir entre desobedecer a uma lei e salvar uma vida, a preservação da vida torna justo roubar o medicamento.

Contra o furto: Heinz precisa tomar uma decisão não só com base nas exigências da mulher, mas de todos os seres humanos. Deve avaliar se o roubo pode prejudicar o direito de outras pessoas a adquirir o medicamento.

Regras e convenções morais

O modelo de Kohlberg foi submetido à avaliação da pesquisa e tem sido objeto de várias críticas, tanto de tipo metodológico como de sistema teórico. Este não é o lugar para aprofundar as principais contribuições que ao longo dos anos reformularam e atualizaram a herança de Kohlberg. No entanto, consideraremos duas linhas de pesquisa complementares às teses de Kohlberg, úteis para entender como se desenvolve a conexão entre raciocínio e ação moral: a primeira diz respeito à natureza das regras.

Imaginemos voltar a sermos crianças e enfrentar um dia comum. Desde cedo, pela manhã, os adultos que cuidam de nós nos ensinam e nos dizem como devemos nos comportar corretamente em diferentes situações. As regras a seguir são muitas, e as mais comuns são: sentar-se direito à mesa e comer com os talheres; manter a sala arrumada; cumprimentar as pessoas que encontrarmos; dizer sempre "por favor" quando pedir alguma coisa e agradecer depois de obtê-la; não bater no irmãozinho ou nos coleguinhas da escola; não roubar os brinquedos das outras crianças no parque.

Na verdade, a lista é muito mais longa, mas já à primeira vista fica claro que as regras não são todas iguais: apenas algumas, como não bater ou não roubar, considerando os princípios fundamentais, têm um caráter puramente moral. As outras, como, por exemplo, sentar-se à mesa e comer com os talheres, representam padrões socialmente acordados acerca do comportamento mais adequado a adotar nas diversas situações. As convenções, portanto, dependem da cultura e do consenso dos grupos: diferentemente da nossa, existem culturas em que se come sentando-se no chão e usando as mãos. Como vimos nos parágrafos precedentes, o modelo de Kohlberg previa um desenvolvimento sequencial da moral, segundo o qual primeiro surgia o raciocínio convencional e depois o raciocínio pós-convencional, ou seja, o verdadeiro raciocínio moral. No entanto, segundo o psicólogo Elliott Turiel, o raciocínio moral e o convencional são duas modalidades diferentes de raciocínio que se aplicam a domínios diferentes do mundo social e se desenvolvem separadamente: o primeiro se refere a conceitos de bem-estar e justiça; o segundo se refere à relação com a autoridade, a tradição e as normas sociais e é aprendido durante o processo de socialização.

No livro de 2001 *Educare il pensiero morale* [Educar o pensamento moral], o psicólogo Larry Nucci mostra, por meio de numerosas pesquisas, como as crianças e os adolescentes percebem a existência de notáveis diferenças entre o âmbito moral e o convencional.

Em primeiro lugar, as normas morais têm um caráter obrigatório: todos devem respeitá-las. Por isso, são consideradas muito mais vinculativas e a sua transgressão é julgada muito mais grave e muito mais merecedora de punições do que as transgressões das convenções. Nucci e seus colaboradores, observando crianças entre 6 e 13 anos dentro de um contexto escolar, descobriram que a transgressão das regras convencionais e das normas morais provocava reações diferentes. Quando se solicitava às crianças que avaliassem a gravidade de comportamentos como roubar, bater em um colega, comer com as mãos ou chamar a professora pelo nome, elas diziam que os dois primeiros comportamentos eram mais negativos e reprováveis do que os outros. Ao avaliar a transgressão das normas morais, provocada por comportamentos como o furto ou a agressão, os participantes focavam no dano ou na experiência ruim vivenciada pela vítima, destacando a injustiça do comportamento e pedindo ao transgressor que se colocasse no lugar dela. A transgressão das convenções sociais, ao invés, era considerada como um comportamento pouco educado e quem a cometia era advertido a respeitar a norma violada ou era ridicularizado.

Em segundo lugar, justamente porque se baseiam no respeito aos direitos humanos, as normas morais não podem ser modificadas: bater em um colega é errado em qualquer circunstância, mesmo que esse comportamento seja aprovado e apoiado pela mais alta autoridade responsável. No caso das convenções é diferente: as regras de um jogo podem ser modificadas se todos os participantes concordarem ou se a autoridade decidir.

Enfim, as normas morais têm um caráter universal e são válidas em todas as situações similares. Em outras palavras, bater em um colega é sempre errado, mesmo em uma hipotética sociedade em que esse comportamento fosse permitido por lei, e essa proibição é válida em todas as situações, em casa, na escola ou no parquinho. As regras convencionais, por outro lado, não têm o mesmo caráter de universalidade e generalização, dependem do sistema social no qual foram elaboradas e, portanto, podem não ser aplicadas em outros contextos sociais.

Aos dois anos e meio, as crianças já são capazes de entender a diferença entre normas morais e convencionais: por exemplo, bater em um colega é sempre errado, enquanto deixar os brinquedos em desordem pode ser aceitável em casa, mas não na escola. Estudos realizados em sociedades ocidentais mostram que crianças de 4 anos de idade se opõem ao comando de fazer algo errado, como roubar ou ferir alguém, mesmo que esse pedido venha de uma pessoa com autoridade e um status importante, como seu professor. Além disso, parece que a transgressão das normas morais é entendida mais cedo do que a das normas convencionais.

Mas por que é importante entender como e quando o conhecimento dessas duas áreas se desenvolve? À primeira vista, poderia parecer uma questão de acadêmicos estudiosos interessados em "procurar pelo em ovo". Na realidade, saber quais são os processos cognitivos envolvidos na compreensão e avaliação das normas morais e convencionais tem importantes repercussões no âmbito pedagógico-educacional.

Vamos imaginar as seguintes situações:

Vitória quer brincar no balanço, que está sendo usado por Mateus. Cansada de esperar, Vitória dá um empurrão em Mateus que o faz cair, e assim toma posse do balanço.

Vitória está no restaurante com sua família. Durante a refeição está muito agitada, não quer ficar sentada e brinca com a comida.

Qual a maneira mais eficaz para intervir nessas situações?

Nucci analisou a maneira com que os pais e educadores intervêm diante de uma agressão e identificou cinco modalidades de intervenção:

1. destacar as características intrínsecas da ação, indicando que a ação é em si mesma prejudicial ou injusta;
2. pedir ao ofensor que assuma a perspectiva do outro e se coloque no lugar da vítima;
3. reiterar a norma que regula esse comportamento;
4. destacar que o comportamento está criando confusão ou está fora de lugar;
5. pedir peremptoriamente para parar com o comportamento, sem fornecer explicações adicionais.

Às vezes, os pais e professores usam essas reprovações de maneira indiferenciada, sem considerar que elas são percebidas e, acima de tudo, têm efeitos diferentes sobre a criança, dependendo se o tipo de transgressão diz respeito à esfera moral ou convencional. Em vez disso, estudos mostram que as censuras devem ser apropriadas e pertinentes ao contexto de violação.

Voltando ao exemplo precedente, no que diz respeito ao incidente do balanço, os pais de Vitória deveriam utilizar a primeira modalidade de intervenção ("Você viu o que fez? O seu empurrão machucou Mateus. Veja como ele está chorando!") ou a segunda ("Como você se sentiria se alguém a empurrasse e a fizesse cair para usar o balanço?").

Quanto ao comportamento à mesa, as modalidades de censura mais pertinentes são: a terceira ("Devemos nos sentar direito à mesa e não brincar com a comida"), a quarta ("Você está perturbando as pessoas com o seu comportamento") e a quinta ("Pare de se comportar assim. Sente direito e coma!").

Segundo Nucci, a censura pertinente não apenas produz efeitos mais positivos, como os estudos mostram que as crianças preferem e avaliam mais positivamente os educadores que utilizam o método de intervenção mais adequado ao tipo de transgressão cometido.

Enfim, é interessante notar que desde a infância a maior parte dos conflitos com os pais refere-se, sobretudo, ao âmbito convencional: os pais chamam a atenção das crianças que não se comportam de modo educado até que elas demonstrem, com seu comportamento, que aprenderam a regra. Durante a adolescência, com a aquisição de maior autonomia e independência, porém, os garotos e os adultos assumem diferentes perspectivas quanto às transgressões dessas normas. Alguns estudos solicitavam a pais e filhos que indicassem as razões de seus conflitos. Por sorte, na maior parte dos casos se tratava de fatos pouco relevantes que se referiam à vestimenta, maquiagem, penteados, estudos, manutenção das coisas em ordem, administração do tempo livre ou do dinheiro. O que muda é a interpretação: os pais dizem que essas transgressões são de tipo convencional, mas os adolescentes as consideram de âmbito pessoal. Especificamente, os adolescentes compreendem a posição de seus pais, mas se opõem a essa interpretação, reiterando que cabe a eles e não a outros decidir como se vestir, pentear, maquiar, se serão os primeiros da classe ou ficarão na média, se precisam ou não arrumar o quarto, como se divertir no tempo livre e gastar sua mesada. Os mesmos resultados também surgiram em relação às áreas definidas como "prudenciais", ou seja, comportamentos que repercutem negativamente no bem-estar do indivíduo que os coloca em prática, como beber, fumar e consumir drogas. Ainda assim, os adolescentes, especialmente aqueles que usam essas substâncias, tendem a considerar esses comportamentos em termos puramente pessoais: cabe somente a eles decidir se devem implementá-los ou não, mesmo que possam ter consequências prejudiciais para outras pessoas, como os acidentes de trânsito de finais de semana relacionados ao consumo de álcool e/ou drogas.

Gênero e desenvolvimento moral

A segunda crítica ao modelo de Kohlberg refere-se à existência de possíveis diferenças de desenvolvimento moral em homens e mulheres.

É possível pensar que homens e mulheres enfrentem diferentemente as questões morais? Em outras palavras, existem diferenças no raciocínio moral ligadas ao gênero? E se existem, o quanto se devem a fatores culturais?

No livro *Uma voz diferente*, publicado em 1982 (ed. bras.: Rio de Janeiro: Rosa dos Tempos, 1990), a psicóloga Carol Gilligan acusou Kohlberg de considerar a moralidade apenas pela ótica masculina, obtendo uma visão parcial e incompleta. Tal crítica se fundamenta no fato de a definição dos estágios ter sido elaborada com base em entrevistas feitas exclusivamente com homens, e que em algumas pesquisas as mulheres demonstravam um desenvolvimento moral inferior, alcançando o estágio 3, enquanto os homens geralmente alcançavam o estágio 4. Segundo a autora, existem duas orientações morais distintas, relativamente estáveis e complementares ligadas às diferenças de gênero. As meninas, educadas a valorizar qualidades como empatia e interesse pelos outros, desenvolvem uma orientação moral voltada ao cuidado e à responsabilidade, que enfatiza a comunicação, as relações interpessoais e a preocupação com o próximo (*ética do cuidado*). Em outras palavras, a experiência moral das mulheres refere-se principalmente à natureza da relação entre si e os outros. Diante do dilema de Heinz, o raciocínio feminino daria mais importância ao sofrimento vivenciado pela mulher com câncer. Os meninos, por outro lado, educados à independência, à autonomia, à assertividade e ao sucesso, desenvolvem uma moralidade mais abstrata, impessoal e orientada aos direitos e ao respeito à justiça (*ética da justiça*). Por isso, ao tomar uma decisão sobre o dilema de Heinz, o raciocínio masculino focalizaria uma concepção de justiça mais geral, segundo a qual "a lei é a lei".

Ao entrevistar profundamente mulheres americanas com idade entre 15 e 33 anos, a autora descobriu que o desenvolvimento moral feminino acontece em três níveis. O primeiro nível, chamado "interesse pessoal", se refere ao fato de que as escolhas realizadas na vida são guiadas egoisticamente apenas pelas próprias necessidades. No segundo nível, chamado "sacrifício pessoal", as escolhas são feitas para acomodar os desejos e as necessidades de pessoas importantes, como o marido ou os familiares, deixando de lado as próprias exigências. Por fim, alcançado o terceiro nível, definido em termos de "cuidado como obrigação universal", as mulheres encontram um equilíbrio entre cuidado com os outros e o bem-estar pessoal. Segundo a autora, a maior parte dos estudos, com foco no raciocínio baseado na justiça, não consegue captar a orientação para o cuidado que representa a maneira tipicamente feminina de lidar com questões morais.

As evidências empíricas até agora disponíveis não sustentam suficientemente a tese de Gilligan. A maior parte da literatura de referência não encontra diferenças consistentes entre homens e mulheres no nível e no tipo de raciocínio moral. Dos dados provenientes de diversas pesquisas percebe-se que apenas uma minoria de participantes utilizava prevalentemente uma das duas formas de raciocínio moral (cuidado *vs* princípios), enquanto a maior parte utilizava ambas. A escolha de empregar uma e não outra parece depender, sobretudo, das exigências do contexto. Em particular, tanto homens quanto mulheres usam mais a perspectiva orientada ao cuidado para resolver dilemas que afetam as relações interpessoais, e recorrem ao raciocínio baseado na justiça para enfrentar dilemas relacionados ao respeito pelos direitos.

O trabalho de Gilligan contribuiu para a discussão dentro da academia, chamando a atenção para os diferentes aspectos que caracterizam a moralidade e o uso de diferentes práticas educacionais em homens e mulheres, mas não foi capaz de reconduzir as diferenças no desenvolvimento moral às diferenças de gênero.

Do julgamento ao comportamento moral

Neste ponto, resta perguntar como o julgamento moral é capaz de influenciar a conduta social. Em outras palavras, pode um nível maduro de compreensão moral garantir que os adolescentes adotem comportamentos apropriados? Os dados à nossa disposição mostram que há uma correlação positiva entre esses dois aspectos: nos anos 1970, Kohlberg e outros autores questionaram adolescentes, identificados em diferentes níveis de julgamento moral, sobre a possibilidade de colar nas provas escolares sem serem descobertos. A pesquisa constatou que apenas uma minoria dos participantes (cerca de 15%) que alcançaram o nível pós-convencional optaria por colar em comparação com 55% dos adolescentes que raciocinaram em nível convencional e 70% dos que estavam no nível pré-convencional.

Analisando os resultados de diversos estudos, também se percebe que os participantes que demonstravam altos níveis de julgamento moral agiam mais frequentemente de modo altruísta e pró-social e eram menos sensíveis às pressões sociais em situações caracterizadas pelo conformismo em comparação com aqueles que possuíam uma pontuação mais baixa. Estes últimos, por fim, eram mais propensos a trapacear ou ser desonestos.

Todavia, como a experiência nos ensina, nem sempre o julgamento moral é capaz de prever de maneira confiável o comportamento moral: pode-se pensar em termos morais, mas não necessariamente agir de tal forma. Com efeito, isso é o que emerge de numerosos estudos empíricos, cujos resultados, obtidos indagando diversas formas de conduta moral (por exemplo, resistir às tentações, restituir um objeto perdido por alguém) e de comportamentos altruístas (por exemplo, ajudar pessoas em dificuldade) em crianças e adolescentes, demonstraram frágeis ou esporádicas associações causais entre pensamento moral e ação. Em outras palavras, esses resultados não permitem sustentar que o raciocínio moral seja a principal motivação do comportamento moral.

As condutas morais, de fato, dependem de outros fatores, como a compreensão dos aspectos contingentes e não necessariamente morais da situação e as capacidades executivas para concluir a sequência das ações. Segundo James Rest, um dos estudiosos que, partindo da contribuição de Kohlberg, aprofundou esse âmbito de pesquisa, para um comportamento ser definido como moral deve ser guiado pelo desejo de não prevaricar os outros. Para que tal comportamento se verifique nesses termos é necessário enfrentar um processo caracterizado por quatro fases: em primeiro lugar, o indivíduo deve mostrar *sensibilidade moral*, ou seja, deve considerar, em determinada situação, os efeitos e as consequências que as ações podem ter para si e para os outros. Sucessivamente entra em ação o *julgamento moral*, que permite que o indivíduo avalie se e quais consequências satisfazem os critérios morais. A terceira fase prevê o processo de *decisão moral*: o indivíduo deve escolher se segue esses critérios morais ou outros considerados mais oportunos naquela circunstância particular, como, por exemplo, a pesquisa da vantagem pessoal. Por fim, na última fase, chamada *ação moral*, as pessoas devem ser capazes de colocar em prática a decisão tomada e concluí-la. A falta de ação moral pode ser devida a um déficit em uma dessas quatro etapas.

Outro aspecto que parece ter certa importância diz respeito à posição que os valores morais ocupam na autorrepresentação dos indivíduos. É possível que o comportamento moral dependa do quanto os valores e princípios morais estejam integrados na identidade ou no Self dos indivíduos: quanto mais os valores morais forem parte integrante da identidade pessoal, mais provável que sejam expressos não apenas em julgamentos, mas também em ações concretas. A relação entre o Self e a moralidade teria, portanto, um papel fundamental na mediação da relação entre julgamento e comportamento moral. Segundo o psicólogo evolucionista Augusto Blasi, é somente graças ao desenvolvimento de um "eu" moral que os indivíduos fazem escolhas éticas, impulsionados pela necessidade de tornar suas ações coerentes com os princípios em que acreditam. Numerosos estudos mostram que aqueles que estruturaram sua identidade em crenças morais sólidas são capazes de traduzir os valores éticos em um forte compromisso social e, quando atuam contrariamente aos princípios em que acreditam, experimentam uma espécie de "traição pessoal", caracterizada por vergonha e sentimento de culpa. Além disso, a tendência de se engajar concretamente não se limita a alguma situação excepcional, mas tende a se manifestar ao longo de toda a existência. Nas pessoas em que falta essa união entre o eu e a moralidade, o julgamento moral não pode ser capaz de prever o comportamento.

Comparada à infância, em que estão presentes alguns conceitos morais, como "bom" e "mau", mas há pouca conexão com a imagem de si, na adolescência, por outro lado, os indivíduos são capazes de elaborar uma concepção do Self em que os termos morais tornam-se parte integrante da própria autodefinição. As pessoas começam a refletir sobre si mesmas e sobre o seu futuro relacionando as avaliações que fazem de si (Self real) com a representação do que desejam se tornar (Self ideal) ou não (Self temido). A adolescência representa, portanto, um momento de inflexão fundamental no desenvolvimento moral dos indivíduos, cujos efeitos tendem a permanecer estáveis ao longo do tempo. Em um estudo longitudinal, Damon e Hart descobriram que apenas uma minoria dos adolescentes entrevistados percebia que os valores morais tinham um papel central na própria identidade e mantinha tal convicção depois de quatro anos. Na maioria dos participantes, no entanto, as dimensões morais estavam separadas das dimensões relacionadas ao Self e tal segregação entre identidade e valores sofria apenas pequenos ajustes ao longo do tempo.

Além da dimensão do Self moral, parece que características de personalidade, como autoestima ou senso de autoeficácia, também influenciam a capacidade de colocar comportamentos morais em prática. Em particular, os estudos sobre altruísmo mostram que as pessoas caracterizadas por elevada autoestima e por um forte senso de autoeficácia em sua maioria colocam comportamentos pró-sociais em prática. Isso significa que, quanto mais confiança os adolescentes têm em si mesmos, nas próprias habilidades e pensem ter capacidade de concluir com sucesso ações alinhadas com os próprios princípios, maior é a possibilidade de agirem de maneira altruísta. Enfim, outra importante característica que acaba sendo profundamente correlata ao comportamento moral é a empatia. No próximo capítulo analisaremos detalhadamente sua importância.

É possível promover o desenvolvimento moral na escola?

A contribuição dos cientistas sociais da escola cognitivo-evolutiva teve o mérito de não se limitar a um estudo especulativo, mas de tentar melhorar a capacidade de crianças e adolescentes raciocinarem sobre questões morais. Em particular, Kohlberg e seus alunos elaboraram metodologias eficazes para promover o desenvolvimento moral em âmbito escolar, e os estudos conduzidos destacaram a utilidade do uso dos dilemas morais na sala de aula sob diversos pontos de vista.

- Debater questões morais na sala de aula, usando dilemas ajustados à idade, ajuda os alunos a alcançar os níveis mais altos de raciocínio moral. De fato, a literatura sobre o assunto mostra que o desenvolvimento moral pode ser influenciado pela intervenção educacional: a maioria dos adolescentes que debateu em sala de aula, graças à possibilidade de assumir diferentes papéis, de vivenciar conflitos cognitivos e de ter contato com níveis de raciocínio superiores aos seus, passou para a próxima etapa na escala de desenvolvimento moral desenvolvida por Kohlberg.

- Debates sobre dilemas promovem o desenvolvimento de capacidade de raciocínio, facilitando a aquisição de habilidades de pensamento em termos hipotético-dedutivos.
- Os debates facilitam o desenvolvimento de habilidades de participação, como falar em público ou trabalhar em pequenos grupos.
- Os debates em sala de aula permitem adquirir consciência sobre temas como literatura, atualidades, história.
- Os debates influenciam positivamente o desenvolvimento pessoal, aumentando a autoestima e estimulando a consciência de si.

É necessário, porém, a fim de melhor conduzir os debates em sala de aula e de extrair a máxima eficácia dessa experiência, que os professores sejam capazes de: *a)* estabelecer uma atmosfera não ameaçadora, na qual os alunos se sintam à vontade para se expressar sem medo de serem avaliados, julgados e ridicularizados pelos colegas ou pelos adultos; *b)* organizar o tempo de modo eficiente, talvez subdividindo a turma em pequenos grupos (o trabalho de cada grupo pode então ser apresentado em sala de aula); *c)* estimular a interação dos alunos: só assim é possível comparar várias posições e o embate entre elas facilita o desenvolvimento do raciocínio moral; *d)* desenvolver a capacidade de usar questões exploratórias, a fim de compreender, em termos gerais, onde os alunos se situam, de modo a manter o debate nos níveis mais comuns ao desenvolvimento da classe.

O desejo de aplicar o modelo de Kohlberg a situações educacionais concretas levou à feliz experiência das *Just Communities* – ou comunidades de justiça – em algumas escolas dos Estados Unidos. A ideia de fundo dessa intervenção social baseia-se no pressuposto de que, para influenciar positivamente o pensamento e o comportamento moral de crianças e adolescentes, é necessário melhorar a "atmosfera moral" do contexto social em que estão inseridos, especialmente o escolar. As *Just Communities* são escolas nas quais os alunos podem participar ativamente das atividades de organização e gestão da escola, e as questões relacionadas à vida e à disciplina escolar são abordadas democraticamente, dando igual valor à opinião de alunos, professores e outros atores envolvidos no processo educacional-formativo.

3. O papel das emoções

Sentir empatia

Agora era o Jem que estava chorando. Lágrimas de raiva corriam-lhe em sulcos pelo rosto enquanto tentávamos passar pela multidão exultante.

– Não é justo – murmurava, até chegarmos à esquina da praça onde Atticus estava à nossa espera. [...]

– Não é justo, Atticus – disse o Jem. [...]

– Não, filho, não é justo.

Estávamos indo para casa. [...]

– Atticus – interrompeu Jem friamente.

Ele chegou à porta e virou-se para trás.

– O que foi, filho?

– Como é que puderam fazer isto, como?

– Não sei, só sei que o fizeram. Já o fizeram antes, voltaram a fazê-lo hoje e vão voltar a fazer e quando isso acontece... parece que só as crianças é que choram. Boa-noite. (H. Lee, *O sol é para todos*. Tradução: Maria Aparecida Moraes Rego. São Paulo: Abril Cultural, 1982.)

No livro *O sol é para todos*, os irmãos Jean Louise (Scout) e Jeremy (Jem) Finch se deparam com o racismo dominante no Alabama dos anos 1930. O pai, Atticus, um advogado com ideias democráticas, é encarregado de defender um jovem negro, Tom Robinson, acusado de estuprar uma garota branca. Desde o início do julgamento, fica claro que as investigações, influenciadas pelo preconceito fortemente enraizado na cultura local, foram conduzidas de maneira superficial. Apesar de Atticus trazer provas irrefutáveis da inocência de Tom, nenhum dos jurados as leva a sério, condenando o homem à prisão. Essa injustiça perturba os meninos, especialmente Jem, que, conhecendo a família de Tom, sente compaixão por ele e seus parentes, além de raiva contra aqueles que cometeram essa injustiça, movida apenas por ódio racial.

Como demonstra esse exemplo, quando enfrentamos problemas que questionam os princípios em que acreditamos, raramente raciocinamos em termos assépticos e distantes: o raciocínio entrelaça-se, poderíamos dizer que se expressa, com fortes emoções. O componente emocional-afetivo representa um importante fator no desenvolvimento e na gênese da ação moral: o sofrimento dos outros, as injustiças sociais, o desejo de um mundo melhor empurram milhões de pessoas todos os dias para ajudar voluntária e gratuitamente aqueles em dificuldade, às vezes até colocando em risco a própria segurança.

De um ponto de vista educacional, ao lado do conhecimento do bem e do mal, todos os pais querem que seus filhos sejam capazes de assumir a perspectiva dos outros, sentindo empatia e compaixão por aqueles que sofrem, raiva quando os direitos fundamentais dos outros são violados, sentimento de culpa e desejo de reparação quando eles próprios provocam o sofrimento alheio.

Nas páginas seguintes, lidaremos com esses tipos de emoção e veremos como eles podem provocar comportamentos virtuosos, destinados a ajudar o próximo. Em particular, analisaremos a importância da empatia e da culpa.

A empatia e a compreensão do mundo do outro

A todos acontece de, ao ser espectador do sofrimento dos outros, seja quando um querido amigo enfrenta um grave luto, seja assistindo ao jornal que mostra milhares de pessoas que perderam tudo por causa de um terremoto, experimentar proximidade afetiva, compaixão e desejo de aliviar-lhes o sofrimento. Essa emoção é a empatia. A importância de partilhar as emoções dos outros na vida social não é uma descoberta recente: filósofos como David Hume, Adam Smith e Darwin sublinhavam sua importância, considerando-a uma característica intrínseca da natureza humana, capaz de promover comportamentos de solidariedade e ajuda.

Entre os anos 1950 e 1970, o psicólogo clínico Carl R. Rogers considerava a empatia uma condição necessária na relação entre terapeuta e paciente.

> Sentir o mundo mais íntimo dos valores pessoais do paciente como se fosse seu, mas sem nunca perder a qualidade do "como se", é empatia. Sentir sua confusão, sua timidez, sua raiva, ou a sensação de ser tratado injustamente como se fossem suas, mas sem que sua própria insegurança, seu próprio medo ou sua própria desconfiança sejam confundidos com os do outro. Essa é a condição que estou tentando descrever e que considero essencial para estabelecer um relacionamento produtivo.

O psicólogo social Martin L. Hoffman, que dedicou quarenta anos ao estudo dessa emoção, define a empatia como "uma resposta afetiva mais condizente com a situação de outra pessoa do que à própria". À primeira vista, pode parecer que a empatia coincide com o que o senso comum simplesmente define como "colocar-se no lugar do outro". Essa definição certamente não está errada, mas devemos ter em mente que é um fenômeno complexo, no qual são ativados três componentes essenciais, conectados entre si.

1. O *componente fisiológico* refere-se ao envolvimento de algumas estruturas neurológicas, em especial o sistema límbico e os neurônios-espelho, que são ativados pelo sofrimento dos outros. Os neurônios-espelho, identificados pela equipe italiana da Universidade de Parma, liderada pelo neurocientista Giacomo Rizzolatti, desempenham um papel importante na percepção da empatia. Vários experimentos mostraram que, em indivíduos que viam imagens de outras pessoas experimentando emoções como repugnância e dor, ativaram-se automaticamente as áreas do cérebro responsáveis por perceber tais emoções. O fato de os neurônios-espelho serem ativados em resposta às emoções dos outros, como se nós mesmos as estivéssemos experimentando, nos permite simular em nosso cérebro o que os outros experimentam, facilitando os processos cognitivos de identificação e *role taking* [assumir a perspectiva do outro]. Confirmando isso, as pessoas que são particularmente empáticas na vida cotidiana são aquelas em que os neurônios-espelho são ativados de forma mais decisiva quando observam imagens de pessoas expressando suas emoções.

2. O *componente emocional* é sobre a capacidade de compartilhar as emoções que uma pessoa em dificuldade está sentindo.

3. O *componente cognitivo* refere-se à capacidade de compreender, assumindo a perspectiva dos outros, os pensamentos, o humor e as intenções que a vítima de uma situação difícil está vivenciando. Esse componente, como vimos, é chamado de *role taking*.

Ao analisar a relação entre empatia e comportamento moral, é necessário fazer uma distinção ligada à posição que os indivíduos assumem em relação a uma pessoa em dificuldade: nossos adolescentes, de fato, podem testemunhar o sofrimento dos outros ou ser a causa dele. No primeiro caso, ver o sofrimento de outro ser humano os levará a experimentar um sentimento de proximidade e compartilhamento, definido como "sofrimento empático". No segundo caso, no entanto, sentir-se responsável pelo sofrimento de outra pessoa, pode levar a um profundo sentimento de culpa em uma base empática, cuja intensidade dependerá de quanto o dano foi voluntário e das consequências produzidas.

O sofrimento empático: o que é e como se desenvolve

O conceito de sofrimento empático tem um significado bastante simples: quando vemos alguém sofrendo, também sofremos e, movidos pela compaixão, somos levados a fazer algo para ajudar. No entanto, o sofrimento empático é bastante complexo. Em primeiro lugar, prevê que a pessoa saiba interpretar os sinais que indicam que alguém está em dificuldade. Em segundo lugar, a pessoa deve desenvolver a consciência metacognitiva, isto é, a cognição de que seu estado de espírito é a resposta ao sofrimento experimentado pelo outro em dificuldade. Em terceiro lugar, deve ser capaz de se colocar no lugar do outro, experimentando o mesmo que ele nessa situação específica de dificuldade. Finalmente, o sofrimento empático implica a capacidade de ir além das aparências: o sofrimento pode não ser visível no comportamento exterior, mas isso não significa que a pessoa em dificuldade não esteja aflita ou não sinta dor. Sendo uma experiência bastante complexa, o sofrimento empático só pode ser experimentado se os indivíduos tiverem alcançado um desenvolvimento cognitivo e emocional que lhes permita entender e interpretar os sinais presentes na situação, para distinguir o que acontece com os outros do que acontece a si mesmos, para compreender como os outros expressam seus sentimentos e as consequências que os eventos dramáticos têm sobre as pessoas envolvidas. Geralmente, essa capacidade é alcançada na adolescência. No entanto, isso nem sempre acontece, porque certas restrições ambientais e sociais podem inibi-la.

Processos de ativação empática. Segundo Hoffman, o sofrimento empático pode ser ativado por sinais ou indícios de sofrimento advindos da vítima ou da situação em que ela se encontra de cinco maneiras: *a)* mimese; *b)* condicionamento clássico; *c)* associação direta; *d)* associação mediada; *e)* tomada do papel ou da perspectiva de outra pessoa.

Por *mimese* entende-se um processo pelo qual, quando "observamos a expressão de um sentimento de outra pessoa, nós a imitamos automaticamente e, depois, o controle passa para o cérebro e sentimos o que ela sente". A mimese ocorre em dois estágios consecutivos. O primeiro consiste em imitar as expressões faciais, a postura, os gestos e a expressão vocal do interlocutor que está na nossa frente. Como os psicólogos desenvolvimentistas apontaram, a imitação é um comportamento extremamente precoce: logo após o nascimento, os bebês tentam imitar as expressões de outras pessoas e com apenas dez semanas são capazes de imitar os sinais essenciais de felicidade e raiva da mãe. A capacidade de imitar essas expressões torna-se muito evidente em torno dos 9 meses. O segundo estágio é a retroação (*feedback*) que permite associar a emoção correspondente à imitação da expressão facial. Vários estudos, usando técnicas engenhosas, mostraram que as expressões faciais que as pessoas assumem tendem a influenciar sua experiência emocional. Em um desses estudos, por exemplo, os participantes deviam observar e julgar algumas histórias em quadrinhos segurando uma caneta entre os dentes; em uma condição, a caneta era mantida de modo a causar uma configuração muscular da face semelhante à do sorriso, na outra, eles tinham que apertar a caneta com os lábios para provocar uma careta. Em relação a esta última condição, os participantes sorridentes julgaram as historinhas mais engraçadas.

O *condicionamento clássico* representa uma das primeiras formas de empatia experimentadas pelos seres humanos durante seu desenvolvimento, e permite-lhes experimentar um sentimento empático de sofrimento quando veem alguém sofrendo. Todas as mães, pelo menos uma vez na vida, percebem que, quando estão preocupadas ou estressadas, seu estado de espírito contagia seus filhos, especialmente se eles forem muito pequenos, os quais, por sua vez, tornam-se nervosos e birrentos. Segundo os estudiosos, esse fenômeno começa com o contato físico: a mãe, ao cuidar fisicamente de seu filho, é capaz de transmitir seu desconforto pela rigidez muscular de seu corpo. Como consequência, sempre que a criança sentir a rigidez da mãe (estímulo incondicionado), ela também se enrijecerá. Mais tarde, no entanto, a criança percebe que, quando a mãe está tensa, não apenas o corpo dela fica rígido, mas, ao mesmo tempo, seu rosto também assume expressões particulares, assim como o tom da voz. Por meio do condicionamento, portanto, as expressões faciais e o tom da voz da mãe tornam-se estímulos condicionados capazes de causar sofrimento na criança mesmo na ausência de um contato físico entre os dois. O mesmo fenômeno também ocorre no caso de estímulos positivos. Quando a mãe está serena e de bom humor, ela transmite esse estado de espírito para a criança através dos abraços e do rosto sorridente. Logo, o sorriso da mãe será suficiente para a criança se sentir bem e serena.

A *associação direta* ocorre quando, observando a situação em que uma vítima é encontrada, um indivíduo revive uma experiência do passado e as emoções então vivenciadas. Imaginemos a seguinte situação: André, um menino de 4 anos, vê o colega Matias cair da bicicleta e se machucar. A visão do sangue e o choro de Matias fazem André lembrar-se de quando ele próprio passou pela mesma experiência dolorosa e provocam nele uma resposta empática. Essas três formas de ativação empática são as primeiras experiências de empatia que os seres humanos experimentam, mas são respostas afetivas automáticas e involuntárias, ou seja, não requerem uma elaboração cognitiva consciente das informações e precedem a aquisição da linguagem. Posteriormente, graças à aquisição da linguagem e ao desenvolvimento cognitivo, os indivíduos são capazes de sentir empatia por meio de dois modos de ativação: a associação mediada e a tomada de papel.

A *associação mediada* diz respeito à capacidade de compartilhar as emoções dos outros através da linguagem. A linguagem, portanto, representa uma mediação entre os sentimentos da vítima e os do observador. Helena vai para a casa de Sara, que acaba de terminar seu namoro com Marcelo. Ouvindo o desabafo da amiga, que conta todo o seu sofrimento, Helena consegue imaginar sua dor e, ao relacionar sua experiência com a de Sara, sente um forte afeto empático por ela. Além disso, o contato visual entre o observador e a vítima não é necessário, Helena também sente empatia por Sara ao ler uma carta ou e-mail em que a amiga conta sobre a ruptura de seu relacionamento.

A *tomada de papel* (*role taking*) representa o modo mais maduro de ativação empática e diz respeito à capacidade de assumir a perspectiva situacional do outro. Esse processo pode ocorrer de duas maneiras. No primeiro caso, a tomada de papel está centrada em si mesmo: o observador imagina como se sentiria se estivesse na situação da vítima. Vamos voltar ao exemplo anterior: Helena, escutando Sara, imagina como ela se sentiria se Marco, o rapaz que está namorando há um ano, a deixasse. Imaginar esse cenário permite que Helena experimente, pelo menos em parte, o mesmo estado emocional de Sara. Se Helena teve uma experiência semelhante, sua resposta empática será reforçada pela associação entre a experiência emocional e a memória de eventos passados. No segundo caso, a atenção está centrada no outro: o observador imagina como a vítima está se sentindo naquela situação particular. Nesse caso, Helena imagina o que Sara está sentindo e consegue experimentar pelo menos parte dos sentimentos da amiga. A ativação empática será reforçada e mais intensa se Helena vir Sara chorar ou se ela tiver conhecimento de informações pessoais sobre sua amiga, por exemplo se ela estava muito apaixonada por Marcelo, se no passado outros rapazes terminaram o namoro com ela ou se é uma garota muito insegura. Nos adultos, os dois modos de ativação empática podem ocorrer de forma combinada: geralmente, se passa de uma ativação centrada em si para a centrada no outro, sem que um modo prevaleça sobre o outro; nas crianças esse salto de perspectiva é mais difícil.

O desenvolvimento do sofrimento empático. Vejamos agora como se desenvolve a capacidade de vivenciar o sofrimento empático a partir da primeira infância até a adolescência.

Desde o nascimento, os indivíduos são capazes de reagir prontamente ao sofrimento dos outros: o fenômeno do *choro reativo* é um exemplo evidente. De fato, quando os recém-nascidos ouvem outro bebê chorar, começam a chorar desesperadamente também. Esse choro não é uma simples resposta imitativa, sem conotação emocional. Embora os recém-nascidos respondam a um sinal de sofrimento experimentando o mesmo sentimento, essa reação representa um precursor do sofrimento empático; os indivíduos dessa idade não são capazes de diferenciar entre si e os outros, razão pela qual é provável que se sintam envolvidos em um tipo de *pathos* compartilhado.

No final do primeiro ano de vida, as crianças começam a desenvolver a capacidade de diferenciar entre si e os outros e progressivamente são capazes de distinguir em outras pessoas a expressão de um maior número de emoções; consequentemente, elas começam a experimentar sentimentos empáticos cada vez mais sofisticados. No entanto, o estado interior dos outros ainda é sentido como parte do Self, e a empatia nesse estágio ainda é fortemente *egocêntrica*. Imaginemos a seguinte situação: no parquinho, Sílvia vê Tiago chorar desesperadamente depois de cair no chão. Diante dessa situação é provável que Sílvia se entristeça, franza os lábios e desate a chorar, depois colocará em prática comportamentos de consolo habituais para ela, como, por exemplo, chupar o dedo, correr para a mãe ou procurar a boneca preferida. Em outras palavras, diante do sofrimento dos outros as crianças também sofrem e buscam formas de serem consoladas.

Por volta dos 2 anos, as crianças são capazes de se diferenciar dos outros – por exemplo, são capazes de reconhecer sua própria imagem refletida no espelho – e distinguir entre seu próprio sofrimento e o dos outros. Graças a essa capacidade, as crianças, diante do sofrimento dos outros, começam a implementar comportamentos altruístas. No entanto, o tipo de empatia experimentado é definido como *quase egocêntrico*; isso se deve ao fato de que as crianças partem do pressuposto de que os outros sentem e veem o mundo que os cerca como elas mesmas o percebem. Assumindo que o que é bom para elas também será bom para a vítima, as crianças escolherão o comportamento que consideram mais reconfortante para si mesmas quando estão com problemas. Voltando ao exemplo anterior, se Sílvia vê Tiago chorando depois de cair, é provável que leve sua boneca favorita para consolá-lo. Logo, porém, Sílvia perceberá que essa forma de ajuda, tão reconfortante para ela, quase sempre é ineficaz para outras crianças.

Somente no final do segundo ano, as crianças tornam-se conscientes de que os outros podem ter sentimentos, desejos e pensamentos diferentes dos seus, e essa compreensão mais complexa sobre os outros ajuda e facilita a implementação de comportamentos altruístas. Além disso, entre os 2 e 3 anos, a capacidade de compreender e diferenciar os vários sentimentos é refinada e as crianças começam a ser capazes de assumir a perspectiva dos outros. A aquisição dessas habilidades leva a uma *empatia verdadeira*, na qual formas apropriadas de comportamento altruísta começam a se manifestar, visando aliviar os sofrimentos dos outros, levando em conta suas necessidades específicas. Nesse caso, Sílvia se aproximará de Tiago e tentará consolá-lo, talvez oferecendo os doces que ele prefere.

A partir dos 6-7 anos, as crianças demonstram uma maior capacidade de diferenciar os seus sentimentos e os dos outros e percebem que comunicar e compartilhar seus sentimentos com pessoas em dificuldade pode fazer com que elas se sintam melhor. Nesse caso, Sílvia poderia dizer a Tiago que sabe como ele se sente, porque ela também já caiu e se machucou no passado, e tentar tranquilizá-lo, dizendo-lhe que a dor logo vai passar. Mas as crianças dessa idade reagem apenas ao sofrimento que veem diante de seus olhos.

Dos 8 aos 12 anos, as crianças ampliam sua compreensão do sofrimento: as pessoas podem até decidir não demonstrar abertamente sua dor, mas isso não significa que não estejam sofrendo. Se Tiago cai no parquinho e na frente das outras crianças finge que não foi nada, Sílvia pode imaginar que na realidade o amigo se machucou, mas que, por medo de ser considerado "mariquinhas" pelos companheiros, está suportando a dor em silêncio. Consequentemente, ela o consola.

Mais tarde, ao crescer, fica claro como o sofrimento vai além da situação imediatamente perceptível: dificuldades podem surgir em outros lugares, em situações familiares difíceis ou em condições econômicas precárias. Na adolescência, essa capacidade é aperfeiçoada, levando os indivíduos a considerar o sofrimento e o desconforto vivenciados por grandes grupos sociais, por exemplo, devido à pobreza, opressão política, guerras ou doenças. Além disso, os adolescentes começam a entender que nem sempre quem está em dificuldade quer ser ajudado. Há situações em que receber ajuda leva a uma diminuição do prestígio entre os colegas e a uma perda de autoestima. Por volta dos 16 anos, os adolescentes também consideram esse aspecto antes de oferecer ajuda, para evitar colocar o outro em uma situação socialmente embaraçosa. Sílvia pode decidir não intervir e não evidenciar o acidente que aconteceu com Tiago por medo de constrangê-lo diante dos outros colegas.

Simpatia, raiva e injustiça

Vamos agora tentar esclarecer como, uma vez ativado, o sofrimento empático pode provocar comportamentos morais. A relação entre essas duas variáveis não é direta: na maioria dos casos, o sofrimento empático desperta no indivíduo uma série de emoções que tornam a ação moral mais provável. No entanto, essa reação em cadeia se origina de um processo de elaboração de informações que visa identificar as causas que causaram o sofrimento da vítima. Em outras palavras, a atenção visa, em primeiro lugar, distinguir se a causa do sofrimento é o resultado das escolhas e ações da vítima ou se é devida a fatores ou pessoas presentes no contexto e, em segundo lugar, se o que aconteceu com a vítima era de alguma forma previsível e estava sob seu controle, ou se era impossível de prever e controlar.

Consideremos o exemplo anterior: Sílvia vê Tiago no chão, sofrendo, e sua reação ao sofrimento de seu amigo é de ativação empática. No entanto, pouco depois, ela descobre que Tiago caiu ao tentar escalar uma árvore muito alta, apesar de ter sido proibido por seus pais. A atribuição de uma causa interna (ele escalou de livre e espontânea vontade, apesar de ser proibido) e do grau de controle da ação (ele não conseguiu) leva a uma diminuição na ativação empática. Assim, acreditando na responsabilidade de Tiago, Sílvia pode sentir-se moralmente desobrigada de lhe oferecer ajuda e pode até dizer: "Não reclame, você fez o que queria!".

Em vez disso, se Sílvia vê Tiago no chão porque Luís trombou nele acidentalmente com seu skate, sua reação será diferente: Tiago não é responsável pela queda e o evento não era previsível. Diante dessa circunstância, a ativação empática aumenta e Sílvia terá sentimentos de compaixão e simpatia que a levarão a ajudar Tiago.

A situação mudaria se o conflito entre os dois garotos tivesse sido voluntário: João, o valentão da escola, agrediu Tiago voluntariamente e sem motivo enquanto caminhava pelo parque. Neste caso, Sílvia, além do sentimento de simpatia para com Tiago, sentirá uma raiva empática por João, considerado responsável pelo sofrimento de seu amigo.

Há situações em que o dano ocorre a uma vítima considerada boa, completamente inocente e não responsável pela situação, mas que é punida por causa de outros fatores, como preconceito contra a etnia a que pertence. Quando isso acontece, o observador, além de sentimentos de simpatia e raiva, experimenta um sentimento de profunda injustiça empática. Esse é o sentimento de Jem, um dos jovens protagonistas do livro *O sol é para todos*, citado no início do capítulo. Tom, o jovem negro acusado de estupro, é uma pessoa boa e generosa que, sentindo pena da suposta vítima – uma moça branca, marginalizada pela comunidade, que mora com o pai alcoólatra e cuida de sete irmãos mais novos –, a ajudava constantemente. Apesar do testemunho contraditório da moça, Tom é condenado com base no preconceito generalizado que vê em homens negros um perigo para as jovens mulheres brancas. Diante da sentença, Jem, que tem cerca de 12 anos, sente crescer dentro de si a raiva e um profundo sentimento de injustiça em relação à sociedade branca à qual pertence, juntamente com uma preocupação sincera por Tom e sua família, as verdadeiras vítimas inocentes da situação.

A compaixão, a raiva e o desejo de justiça sentidos por Jem e seu desejo de fazer algo para mudar as coisas nos leva a outro importante fator na gênese do comportamento moral: a *interiorização* dos princípios morais. De fato, os sentimentos empáticos até aqui descritos podem não ser suficientes para dar origem a comportamentos morais: é preciso que eles sejam acompanhados por princípios morais interiorizados durante o processo de socialização. Por outro lado, os princípios morais por si só não são suficientes para motivar ações morais: todos sabemos que muitas roupas que vestimos são produzidas em países pobres por mão de obra explorada e mal paga, mas quantos de nós estão dispostos a mudar suas escolhas de compra, desistindo das marcas favoritas e gastando um pouco mais em peças de roupas produzidas com respeito aos direitos humanos?

É somente quando ocorre a ativação simultânea de uma afeição empática e de um princípio moral que este último, de per si emocionalmente "frio", adquire as propriedades afetivas e motivacionais da empatia, transformando-se em representações com carga emocional ou em cognição pró-social "quente", que tornam a ação moral mais provável. A ligação entre a afetividade empática e o princípio moral torna-se ainda mais forte à medida que essa coocorrência se repete; em alguns casos, pode criar raízes na identidade do indivíduo, de modo a orientar suas escolhas e comportamentos.

Para resumir, em face do sofrimento da vítima, primeiro são ativados o sofrimento empático e as emoções ligadas a ele, depois entram em ação os princípios morais, que assumem um valor empático. Por meio dos princípios morais, os indivíduos podem enquadrar a situação da vítima e escolher a forma mais apropriada de ajuda.

O treinador de Romina pode sentir uma forte empatia em relação à jovem atleta classificada nos últimos lugares na competição de natação e tentar de todas as formas ajudá-la a melhorar. Essa ativação empática aumenta pelo "princípio moral do cuidado", analisado no capítulo anterior, se o treinador souber que Romina, embora sempre se empenhe muito nos treinos, neste momento está sofrendo por causa da separação de seus pais. Se, no entanto, Romina tem se mostrado indiferente e faltado aos treinos sem uma boa justificativa, o "princípio da justiça", segundo o qual todos devem receber proporcionalmente aos seus méritos, reduzirá a ativação empática do técnico que, de outra forma, lhe teria dedicado mais tempo e negligenciado os atletas que sempre treinaram com compromisso.

Empatia e sentimento de culpa

Outra emoção importante com base empática que, segundo Hoffman, é capaz de motivar formas de comportamento moral é o sentimento de culpa. Por sentimento de culpa entende-se a experiência interior, caracterizada por um sentimento de profundo desconforto de quem magoa injustamente outra pessoa provocando sofrimento. O conceito de sentimento de culpa que Hoffman propõe é diferente daquele assumido pela perspectiva psicanalítica, que veremos mais detalhadamente no box 3. Segundo o autor, o sentimento de culpa influencia o comportamento altruísta de dois modos: o primeiro é não colocar mais em prática um comportamento transgressivo, precisamente para evitar experimentar esse sentimento desagradável; o segundo diz respeito à implementação de um comportamento reparador em relação à vítima da transgressão, a fim de fazer cessar esse estado de espírito.

O sentimento de culpa em uma base empática também se desenvolve ao longo do tempo, em estreita conexão com o desenvolvimento cognitivo. De fato, para se manifestar, precisa de alguns pré-requisitos evolutivos: é necessário ter interiorizado um princípio moral e perceber que o violou. Além disso, é essencial entender e avaliar a gravidade do dano causado, bem como seus efeitos presentes e futuros no bem-estar dos outros. É necessária, então, uma análise das motivações que levaram a essa ação, e estabelecer se a transgressão foi um ato involuntário ou o resultado de uma escolha consciente, de uma pressão externa ou de uma provocação. Por fim, a pessoa deve se sentir não só culpada pela infração cometida, mas também estar ciente de ter errado e de que é responsável pelo dano causado.

Esse tipo de raciocínio é alcançado apenas durante a adolescência, mas, como diversos estudos demonstram, começa a se desenvolver na primeira infância.

A partir dos 8-9 meses, as crianças experimentam sofrimento empático, e não ainda sentimento de culpa, diante de uma ação intencional que desencadeou o choro em outra criança da mesma idade. No entanto, o sofrimento vivenciado representa um importante precursor desse sentimento. Somente por volta dos 2 anos de idade, quando se desenvolve a capacidade de refletir sobre suas ações, as crianças começam a colocar em prática comportamentos reparadores em relação às pessoas a quem causaram danos.

Por volta dos 4-5 anos, as crianças têm uma representação mais elaborada dos outros, levando em conta a necessidade de reciprocidade. Se Cláudio empresta seu trem para Alexandre, este último terá de fazer o mesmo, permitindo que Cláudio brinque com seu trator. Contradizer a regra da reciprocidade pode causar tristeza a Cláudio, que vai acabar chorando. Neste ponto, Alexandre, percebendo que causou um descontentamento a seu amigo, justamente por não respeitar a regra da reciprocidade, experimentará um sentimento de culpa que o levará a ceder o seu brinquedo favorito.

Entre os 6 e os 8 anos, as crianças começam a sentir-se culpadas por não terem cumprido uma obrigação, como, por exemplo, não ter mantido a promessa de ajudar um amigo em necessidade. Ao elaborar de forma mais articulada a representação da situação, as crianças tornam-se capazes de coordenar os diferentes aspectos da situação: as necessidades do interlocutor, a promessa feita, o não cumprimento dela e o desapontamento do amigo causado por essa omissão.

A partir dos 12 anos, os adolescentes são capazes de se sentir culpados por violar uma norma moral abstrata. Consideremos o exemplo anterior relativo à promessa não cumprida. Nessa idade, os indivíduos não apenas percebem que, por não manter sua promessa, causam desgosto a um ente querido, mas também se sentem culpados por não respeitar a norma social que prescreve ajudar pessoas em dificuldades, especialmente se for um amigo. Além disso, os adolescentes comparam seu comportamento com o de seus pares e, em então, podem se sentir culpados por não respeitar normas morais com o mesmo rigor.

Em relação à intensidade do sentimento de culpa, na primeira infância ele está relacionado apenas à gravidade das consequências. Quanto maiores as consequências negativas da ação realizada pela criança, mais forte é o sentimento de culpa experimentado. Mais tarde, outras variáveis calibram a intensidade do sentimento de culpa, como a plena consciência do ato (foi voluntário ou acidental?) e o grau de controle (o ato estava sob controle total do indivíduo, sob a influência de pressões externas ou foi causado de alguma forma pela própria vítima?). Na idade adulta, esses dois fatores tendem a desempenhar um papel central na determinação da intensidade do sentimento de culpa em relação à gravidade das consequências.

Box 3. O sentimento de culpa na perspectiva psicanalítica

O papel da culpa na gênese dos comportamentos morais também foi levado em consideração pela escola psicanalítica. De acordo com essa perspectiva, no entanto, o sentimento de culpa não deriva do reconhecimento de ter prejudicado alguém, mas da lembrança da angústia e do medo de ser punido ou abandonado pelas figuras parentais, experimentados na infância.

Freud identifica na fase fálica do desenvolvimento psicossexual o momento crucial na formação da moralidade. Durante essa fase, entre os 3 e os 5 anos, os seres humanos experimentam um conjunto de desejos sexuais ambivalentes em relação às figuras parentais. Nesse período, de fato, as crianças desenvolvem uma forte atração em relação ao genitor do sexo oposto (definido nos homens como "complexo de Édipo" e nas mulheres como "complexo de Electra"), a ponto de desejar sua posse exclusiva.

Quando percebem que o genitor do mesmo sexo é um obstáculo a esse objetivo, as crianças começam a fantasiar sobre a possibilidade de eliminar o rival e substituí-lo. No entanto, esses desejos produzem ansiedade e medo: a retaliação por parte deste último pode ser difícil de enfrentar e sustentar. A ansiedade é tão forte que esses pensamentos são rejeitados energeticamente, de modo que tanto o desejo por um dos genitores quanto a aversão ao outro são afastados.

O principal resultado do complexo de Édipo (e de Electra) é que as crianças se identificam com o genitor rival, interiorizando as regras, proibições e noções do que é "certo" e "errado". Essa interiorização dá origem ao superego, que desempenha um papel semelhante ao de juiz e censor em relação ao ego, através de dois componentes principais: o ideal do ego e da consciência.

O ideal do ego recompensa a criança, transmitindo um senso de valor e orgulho cada vez que age de acordo com os padrões ideais aprovados pelos pais. A consciência, por outro lado, faz com que depois de violar as normas a criança experimente estados emocionais negativos, como desconforto e autorrepreensão, que convergem em sentimento de culpa. No final da fase edipiana, os indivíduos se adaptam aos padrões morais da sociedade para evitar o sentimento de culpa: dessa maneira, o autocontrole substitui o controle parental.

Podemos dizer que toda a vida moral dos seres humanos pode ser vista como uma luta entre duas instâncias psíquicas presentes no indivíduo: o id, isto é, os instintos e os impulsos agressivos e sexuais, e o superego. Quanto mais o superego for coerente e forte, maior será a adesão ao sistema de normas sociais. Nessa luta, o ego, a terceira instância, cuja finalidade é organizar a personalidade, tenta encontrar um compromisso entre os impulsos do id e as proibições impostas pelo superego.

A educação desempenha um papel fundamental na ajuda ao superego em controlar os impulsos: sem apoio social adequado, o indivíduo seria incapaz de levar em conta as necessidades dos outros e de se adaptar às regras sociais e morais que fundamentam a vida civil.

No entanto, para Freud, a formação do superego está intimamente ligada aos primeiros anos de vida, quando os indivíduos não são capazes de formas complexas de elaboração cognitiva das informações e as mudanças evolutivas subsequentes não levariam a modificações substanciais dessa instância. Por outro lado, contribuições mais recentes no âmbito psicanalítico mostram que a adolescência é um momento crucial no desenvolvimento da moralidade: de fato, durante essa fase, os indivíduos aprendem a conceber o bem e o mal em termos ideológicos. Graças ao desenvolvimento do pensamento formal e impulsionados pela necessidade de escapar da dependência das figuras parentais, os adolescentes questionam o que foi adquirido durante a infância. Os valores, a moralidade, o senso de justiça, portanto, tornam-se temas fundamentais com os quais cada indivíduo deve se confrontar para escolher o que aceitar e o que rejeitar o que foi adquirido e conquistado durante a infância.

A empatia é sinônimo de altruísmo?

Neste ponto, é importante ressaltar o fato de que o sofrimento e o sentimento de culpa com base empática podem promover, mas não necessariamente determinar, a implementação de comportamentos pró-sociais. Há também outros fatores que influenciam o modo como essas emoções podem se traduzir ou não em comportamentos altruístas. Vamos analisar alguns deles.

Em primeiro lugar, a ligação entre esses dois aspectos da empatia e do comportamento moral também depende de outros fatores: um deles, como vimos, é representado pela atribuição da responsabilidade à vítima numa situação específica. O sofrimento de alguém responsabilizado por seus próprios infortúnios pode gerar indiferença, se não verdadeira desaprovação social.

Além disso, o sentimento de culpa e o sofrimento empático não são as únicas emoções que os indivíduos experimentam em determinada situação. Pelo contrário, precisamente porque são emoções desagradáveis e muito intensas, podem ser suprimidas de várias maneiras, por exemplo, desviando a atenção, voltando-se para o outro lado ou mudando o canal, ou recodificando a situação, atribuindo responsabilidade à vítima. Em particular, o desejo de colocar um muro entre si e o outro aumenta se os problemas da vítima envolverem diretamente o observador. Vamos voltar ao exemplo anterior de Helena, que conforta Sara depois de seu namorado terminar o relacionamento. Pode ser difícil para Helena consolar e apoiar sua amiga se ela mesma estiver vivendo um momento de crise em seu namoro. A alta identificação com a situação da amiga pode fazer com que Helena vivencie uma reação exagerada de empatia (*over arousal*) emocionalmente muito dolorosa, fazendo com que ela se afaste de Sara.

Finalmente, a empatia pode ser influenciada por duas características do evento: a *familiaridade da vítima* e o *imediatismo da situação*. Com relação ao papel da familiaridade, muitos estudos conduzidos no âmbito dos comportamentos pró-sociais revelam que a probabilidade de sentir empatia e, portanto, prestar ajuda é maior se a vítima for um familiar, um amigo, um membro do grupo ou se for percebida como alguém semelhante a si ou a seus entes queridos. Assistindo a uma reportagem sobre os "acidentes de sábado à noite" no telejornal, todos os pais de filhos adolescentes experimentam uma forte empatia pelos jovens envolvidos nos acidentes e seus familiares. Em relação ao imediatismo, os dados mostram que os sentimentos empáticos atingem sua intensidade máxima quanto mais perto está a vítima e seus sofrimentos.

Empatia e estilos educativos

Como se pode favorecer o desenvolvimento da empatia e a interiorização dos princípios morais em crianças e adolescentes? Segundo Hoffman, existem várias estratégias que os pais usam para promover o desenvolvimento moral e o respeito pelas regras nas crianças. Essas técnicas podem ser agrupadas em três categorias.

1. *A disciplina imposta pelo poder*. Esta estratégia educacional se baseia no poder que os pais têm sobre seus filhos e é exercida através de pedidos autoritários ("Você tem que fazer isso porque eu mandei e pronto!"), privação de bens ou privilégios ("Se você continuar agindo assim, vai ficar sem assistir ao seu desenho animado favorito por uma semana"), até o castigo corporal. Este tipo de intervenção dá pouco espaço para a explicação da regra a ser respeitada ("Se você se pendurar na janela, pode cair e se machucar"), a qual não será entendida e interiorizada pelas crianças. Essas afirmações de poder são vivenciadas pelas crianças como um limite aos seus desejos, à sua liberdade e às suas aspirações e, a longo prazo, ativam sentimentos de raiva e ressentimento que influenciam negativamente a capacidade de regulação emocional. Quando o uso do poder é a estratégia educacional predominante, crianças e adolescentes respeitam as normas por medo de serem punidos e não porque entenderam o princípio moral subjacente à própria norma. Além disso, eles podem expressar e desabafar sua raiva em outros contextos contra figuras menos poderosas em comparação com seus pais, como colegas ou professores.

2. *A disciplina baseada na retirada do amor*. Através desta técnica, os pais negam aprovação a seus filhos ("Faça o que quiser, mas, se você se machucar, não vá chorar!") e afeto ("Se fizer isso, eu não vou mais amar você"), sempre que eles se comportam de maneira errada. Além de usar declarações que comunicam desapontamento, os pais também usam outras estratégias, como dar as costas, ignorar,

recusar-se a falar, a ouvir, isolar e até mesmo ameaçar deixar a criança sozinha ("Se você não vier agora, a mamãe vai embora sozinha"). Essas estratégias têm um valor punitivo muito intenso: geram uma forte ansiedade pelo medo de as crianças serem abandonadas pelas pessoas mais importantes para elas. Essa técnica disciplinar não leva à interiorização dos princípios morais, e a obediência se dá apenas pelo medo de perder o vínculo com os pais.

3. *A disciplina indutiva*. Esse método, além de comunicar a desaprovação do comportamento pelos pais e enfatizar sua gravidade, visa fazer com que as crianças reflitam sobre suas ações e consequências. Por meio de várias intervenções, como explicações, a tomada de papel (*role taking*) e o prenúncio das consequências de suas ações sobre os outros, os pais recorrem a uma estratégia não punitiva, que fornece às crianças motivações cognitivas para convencê-las e levá-las a comportar-se de acordo com as regras sociais. Tais motivações variam com a idade, aos mais jovens se faz referência às consequências físicas: "É perigoso puxar os brinquedos da mão da sua irmã por estar com raiva, porque você pode machucá-la". À medida que crescem, as referências indutivas se relacionam aos sentimentos vivenciados pela vítima: "Se você zombar do desenho de sua amiga, ela se sentirá humilhada, porque exigiu dela muito esforço". Além disso, os pais podem sugerir atos de reparação: "Por que não pede desculpas à sua amiga? Depois você vai se sentir muito melhor". Por meio desses procedimentos, os pais ensinam os filhos a considerar o ponto de vista alheio e a compreender que eles foram a causa do sofrimento dos outros. Essa modalidade educativa, promovendo nas crianças o desenvolvimento de um senso de responsabilidade pelo que fazem, cria as condições para a ativação do sentimento de culpa em uma base empática.

Normalmente os pais usam as três técnicas educativas e às vezes simultaneamente: diante de duas irmãs brigando, um pai intervém de uma maneira peremptória, às vezes recorrendo a severas punições, para fazer com que elas parem e depois dá explicações que ressaltam as consequências daquele comportamento inadequado. Entretanto, a literatura mostra que o uso prevalente de intervenções indutivas pelos pais favorece a maturidade moral de seus filhos e a interiorização dos padrões morais. Parece, de fato, que o uso de explicações racionais e emocionalmente compartilhadas, em comparação com a ameaça que gera medo, ajuda as crianças a generalizar a regra, aplicando-a em outras circunstâncias, e diminui a possibilidade de que o comportamento negativo se repita.

Finalmente, parece que o desenvolvimento da empatia também está ligado aos modelos de socialização propostos pelos genitores, especialmente pelas mães. Os estudos conduzidos pela psicóloga americana Nancy Eisenberg e sua equipe mostraram como as crianças que alcançaram pontuações mais altas em termos de empatia e maior capacidade de regulação emocional tinham mães que expressavam e comunicavam positivamente suas emoções e que sabiam compreender e aceitar as de seus filhos, especialmente quando eram negativas (como tristeza ou ansiedade), sem tentar fazer com que as reprimissem.

Neste ponto, pode ser útil fazer um pequeno esclarecimento sobre as punições, que, como vimos, costumam ser contraproducentes, mas são frequentemente usadas pelos pais. Como uma ampla literatura demonstra, existem várias razões que podem tornar ineficaz essa estratégia educativa. Em primeiro lugar, como apontado anteriormente, a punição excessiva pode fazer com que a criança sinta ressentimento e hostilidade em relação aos adultos, e esses sentimentos podem desviar sua atenção do objetivo da punição. Além disso, os filhos de pais muito punitivos que recorrem frequentemente ao castigo corporal tendem a ser mais agressivos, mesmo fora do ambiente familiar. Como veremos no próximo capítulo, as crianças imitam seus pais, pois eles representam um importante modelo comportamental; como consequência, a criança que está acostumada a apanhar toda vez que transgride as regras, usará a mesma estratégia quando um amigo "furar a fila" do escorregador do parquinho.

Em segundo lugar, as punições deveriam ser impostas no momento em que as crianças ou os adolescentes estiverem cometendo a transgressão, ou imediatamente após a terem cometido. Dessa forma, os infratores podem associar o estado emocional resultante da punição com o comportamento sancionado. Esperar o pai chegar em casa à noite para punir a menina que se comportou mal durante a tarde não é muito útil: a menina, na verdade, pode ter se beneficiado do comportamento e, especialmente se for muito nova, pode não se lembrar mais do motivo da punição.

Em terceiro lugar, muitas vezes as crianças são punidas de forma incoerente. Alternar a punição com a falta de ação torna o comportamento resistente. Da mesma forma, os pais devem ser unânimes em punir a transgressão: se a mãe castiga enquanto o pai defende a criança, o efeito produzido é que o comportamento nunca será completamente extinto, mas será inibido apenas na presença do genitor mais severo.

Finalmente, para ser eficaz, a punição deveria ser sempre seguida de uma explicação clara e racional. O raciocínio fornece aos indivíduos informações sobre a gravidade da transgressão e dos motivos pelos quais eles deveriam se arrepender. Entender por que um ato é errado e, portanto, o princípio subjacente, combinado com o desejo de evitar o sentimento de culpa, reduz drasticamente a probabilidade de que o comportamento negativo seja repetido.

4. O papel da experiência

Aprender moralidade

> Quantas desgraças me ocorreram!... E bem que as mereço, pois sou um boneco cabeçudo e preguiçoso!... e quero sempre fazer as coisas do meu jeito, sem dar ouvidos àqueles que me querem bem e que têm mil vezes mais juízo do que eu!... Mas de hoje em diante faço o propósito de mudar de vida e de me tornar um menino cordato e dócil. Tanto que agora estou consciente de que os meninos, por serem desobedientes, acabam sempre perdendo e não conseguem nada em seu proveito... (C. Collodi, *As aventuras de Pinóquio*. Tradução: Ivo Barroso. São Paulo: Cosac Naify, 2014.)

No famoso livro *As aventuras de Pinóquio*, o protagonista se depara constantemente com escolhas irresistíveis: ir à escola ou cabular aula, empenhar-se nos estudos ou se divertir com os amigos, ouvir os sábios conselhos da Fada dos Cabelos Azuis e do Grilo Falante ou os do Gato e da Raposa. Na maioria das vezes, Pinóquio faz as escolhas erradas: ele transgride as regras sociais, assustado com o compromisso e o esforço que elas exigem, para perseguir os objetivos que mais o satisfazem como "comer, beber, dormir, se divertir e levar o dia inteiro na vagabundagem". No entanto, no final de cada aventura, Pinóquio experimenta "na própria pele" as consequências negativas de seus erros e se arrepende do que fez.

Como o famoso boneco, cada um de nós, desde a infância, aprende a conhecer o bem e o mal, não apenas graças aos ensinamentos recebidos em casa ou na escola, mas também através da experiência. Muitas vezes aprendemos o significado e a utilidade das normas morais e das regras sociais vendo como as transgressões são punidas e sancionadas pelos educadores.

A esse respeito, o psicólogo social Albert Bandura, que desde os anos 1960 se ocupa dos processos de aprendizagem social, sugere que os mecanismos que levam à formação da moralidade são os mesmos de qualquer outra forma de conhecimento. A interiorização das normas deriva da interação de fatores sociais e individuais, ou seja, da relação do indivíduo com o ambiente social em que ele está inserido. O desenvolvimento moral seria, portanto, fortemente influenciado pelos modelos aos quais os indivíduos são expostos em sua vida social desde a primeira infância. Neste capítulo, analisaremos a importância do contexto social e veremos como as normas sociais entram no repertório cognitivo-comportamental dos indivíduos através de dois processos fundamentais: a experiência pessoal e a observação dos modelos sociais.

O aprendizado pela experiência

Um trenzinho novo em folha chegou à sala de aula de uma escola de educação infantil. Assim que Lucas o vê, imediatamente começa a brincar com ele. Pedro também está muito interessado no novo brinquedo, mas não quer partilhar e, acima de tudo, não pretende esperar sua vez. Assim, quando a professora se distrai, Pedro usa toda sua força para puxar o trem das mãos de Lucas, fazendo com que seu coleguinha caia no chão. Como resultado, Pedro pode brincar sossegado com o trem. O que Pedro aprendeu com essa experiência? Como a professora não viu a cena e não sancionou o comportamento prevaricador, Pedro pensará que a violência é a maneira mais prática e rápida de conseguir o que quer. Como resultado, quando se encontrar em uma situação semelhante, usará essa mesma estratégia para atingir seus objetivos.

Imaginemos, no entanto, que Lucas não tenha ficado nada feliz em entregar o brinquedo e, sendo mais robusto e forte que Pedro, decida retomar o trem à força. A lição que Pedro tirará dessa experiência é que, quando bancamos os valentões com quem é fisicamente mais forte, não apenas não conseguimos alcançar os resultados desejados, mas também podemos nos dar mal. Portanto, é provável que, ao encontrar colegas mais robustos, Pedro prefira formas de interação mais diplomáticas e menos agressivas.

Imaginemos que a professora tenha testemunhado a cena em que Pedro empurra Lucas para pegar o trenzinho. Como resultado do ato praticado, Pedro será repreendido pela professora, que não apenas devolverá o trem a Lucas, mas mostrará à criança prepotente que a violência nunca deve ser usada para se obter seus propósitos, que é preciso saber esperar sua vez e que, às vezes, é muito mais divertido brincar juntos do que sozinho. A partir dessa experiência, Pedro aprenderá que a violência não produz os efeitos desejados e, na verdade, não só não conseguiu brincar com o trenzinho, como também foi repreendido na frente de todos. É provável, portanto, que, no futuro, numa situação semelhante, Pedro adote estratégias não transgressoras, como pedir educadamente para usar o brinquedo ou esperar sua vez.

Finalmente, vamos imaginar que Pedro se aproxime de Lucas gentilmente e peça a seu amigo para brincar com ele e o novo trem. Lucas aceita de bom grado e as duas crianças começam a brincar juntas. A professora, depois de ver a cena, elogia Pedro por seu comportamento educado. A lição que Pedro extrairá dessa experiência é que, com gentileza e educação, é possível não apenas alcançar os resultados desejados, mas também a aprovação e a estima das pessoas significativas para ele.

Estes exemplos simples mostram a importância da experiência e sugerem que a aprendizagem humana pode ocorrer através de um processo definido de condicionamento operacional. As pessoas, na maioria dos casos, operam e agem espontânea e livremente no ambiente ao seu redor. A probabilidade de esses comportamentos entrarem em suas rotinas comportamentais, no entanto, depende dos resultados obtidos, isto é, dos reforços positivos e negativos que receberem do ambiente.

O papel do reforço. Por reforço positivo entende-se qualquer estímulo que, apresentado após o sucesso de determinada ação, aumenta a probabilidade de esta ação ser repetida. Vamos voltar ao caso de Pedro com o trem. No primeiro e último cenários formulados, a criança consegue o brinquedo desejado. O fato de ter alcançado seu objetivo (reforço positivo) por meio de uma ação específica (pegar o trem à força ou pedindo gentilmente) aumenta a probabilidade de que Pedro adote esse comportamento em outras situações.

Em âmbito educacional, exemplos típicos de reforços positivos dados pelos pais quando as crianças implementam comportamentos desejáveis são os elogios, a aprovação, os carinhos ou um prêmio (um doce, por exemplo).

O reforço, no entanto, também pode ser um estímulo desagradável, que pode ser removido ou forçado a cessar apenas por meio de uma ação do indivíduo. Retornamos ao segundo e terceiro cenários anteriores: no futuro, para evitar a reação agressiva de Lucas ou a reprovação da professora, Pedro escolherá formas de interação menos agressivas e arrogantes para conseguir o que deseja.

Estudos mostram que as crianças aprendem cedo a modificar seu comportamento em função dos reforços que recebem de seu ambiente: ao crescer, tornam-se cada vez mais capazes de entender a relação de causa e efeito entre o comportamento e as consequências produzidas.

Mas por que os reforços parecem ter efeito? A função dos reforços não é apenas obter algo agradável ou evitar uma situação desagradável. De fato, os reforços fornecem informações tanto sobre nós como sobre o ambiente em que estamos inseridos: eles nos permitem associar as nossas ações aos resultados, dando-nos a impressão de conseguir manter a situação sob controle e poder influenciar o curso do nosso destino.

No entanto, o uso de reforços pode ter consequências contraproducentes: dar uma gorjeta a Nicole porque ela arrumou seu quarto transmite a ideia de que só vale a pena agir assim para obter a recompensa e não porque ser organizado é importante no cotidiano e útil na vida familiar. O risco é que os indivíduos se comportem bem para obter benefícios ou evitar situações negativas, e não porque compreendem o valor do princípio subjacente. Além disso, alguns estudos mostram que recompensar as crianças por fazerem atividades que considerem agradáveis, como desenhar, transmite a mensagem de que vale a pena fazer essa tarefa não porque seja divertida, mas unicamente para receber o prêmio. Como consequência, as crianças que inicialmente achavam divertido desenhar, depois de serem recompensadas mostraram um desinteresse crescente por essa atividade.

O pressuposto comportamental da simples relação estímulo-resposta na base do reforço tem sido alvo de críticas sucessivas que sublinharam a falta de importância atribuída às características de personalidade das crianças, ao contexto social e cultural em que estão inseridas e aos processos cognitivos colocados em prática por elas na elaboração das informações provenientes do ambiente e na escolha da conduta mais adequada às diferentes situações. Em particular, de acordo com modelos teóricos mais recentes, seria o processamento cognitivo dos estímulos positivos e negativos recebidos do ambiente que favoreceria (ou não) o aprendizado de novos repertórios comportamentais.

A aprendizagem por observação

Seu único defeito era o de frequentar certos colegas, entre os quais havia muitos malandros, conhecidíssimos pela pouca vontade de estudar e de ser alguém.

O professor o aconselhava todos os dias, e mesmo a boa Fada não deixava de dizer e repetir muitas vezes:

– Cuidado, Pinóquio! Esses seus colegas de escola acabarão mais cedo ou mais tarde por fazer você perder o amor aos estudos e, quem sabe, talvez lhe possam até acarretar uma grande desgraça (Collodi, *As aventuras de Pinóquio*, cit.).

Collodi mostra que, já no início do século XIX, os adultos estavam preocupados com a influência das "más companhias". Realmente, as amizades ruins continuam hoje a ser uma das principais preocupações dos pais, especialmente quando seus filhos entram na adolescência. De fato, o controle que os pais exercem sobre as amizades durante a infância de seus filhos diminui drasticamente quando eles se tornam adolescentes e reivindicam maior autonomia e independência. O medo de que o exemplo de colegas não virtuosos possa levar ao mau caminho não é infundado: a observação de modelos significativos (*modeling*) é uma maneira de aprender as regras sociais. Em outras palavras, os seres humanos aprendem observando as ações executadas pelos outros e as consequências positivas ou negativas que delas derivam.

Voltemos ao exemplo do trenzinho disputado por Pedro e Lucas. Desta vez, no entanto, imaginemos que outro menino, Frederico, tenha testemunhado a cena. Observando

Pedro e as consequências positivas ou negativas de seu comportamento, Frederico pode aprender novos repertórios de comportamento que poderá decidir adotar ou evitar quando se encontrar em situações semelhantes. Segundo Bandura, que esteve entre os primeiros psicólogos a sublinhar a importância do *modeling* [modelagem], a aprendizagem observacional é muito mais eficaz do que aprender por experiência direta. De fato, as pessoas podem aprender sem "sujar as mãos" e evitando cometer erros. Ver as consequências que um estudante, descoberto por copiar um texto de um site da Internet, deve enfrentar, pode fazer com que outros colegas decidam não imitar esse comportamento justamente para evitar a reprovação social que a ação determina. Além disso, essa estratégia de aprendizagem é particularmente eficaz na infância. As crianças, apenas mantendo os olhos e os ouvidos abertos, aprendem um grande número de comportamentos positivos e negativos com os modelos observados em sua atividade e que, muitas vezes, não têm nenhuma intenção pedagógica.

Um estudo interessante de Bandura e seus colaboradores, realizado nos Estados Unidos na década de 1960, destacou o papel da aprendizagem pela observação na implementação de comportamentos negativos, como os agressivos. Os autores mostraram a dois grupos de crianças um vídeo em que um adulto brincava com um João Bobo inflável. No vídeo exibido para o primeiro grupo, a pessoa brincava tranquilamente com o boneco; no vídeo exibido para o segundo grupo, no entanto, a pessoa agredia e gritava, golpeando o boneco com um martelo e chutando-o.

Em seguida, as crianças foram levadas a uma sala onde havia outros brinquedos e um boneco igual ao do vídeo. As crianças que observaram o adulto bater no João Bobo mostraram uma maior incidência de comportamento agressivo em relação ao boneco do que aquelas que viram o modelo pacífico. Além disso, as crianças não apenas reproduziram as mesmas ações e insultos que os adultos, mas em alguns casos superaram a simples imitação criando novas formas de comportamento agressivo em relação ao boneco, por exemplo, atacando-o com uma arma de brinquedo. Este efeito foi replicado usando pessoas reais, mostradas ao vivo e em gravações de vídeo, e modelos fictícios apresentados em quadrinhos. Além disso, estudos posteriores revelaram que quanto mais o modelo é percebido como uma autoridade (por exemplo, uma pessoa que ocupa uma posição importante, considerada competente ou uma celebridade) ou semelhante a si mesmo, maior a probabilidade de que o comportamento seja imitado. É a lógica por trás de muitas propagandas: um ator importante, como George Clooney, bebe satisfeito um café para convencer-nos a fazer o mesmo, mas acima de tudo para nos fazer comprar aquele café.

O impacto da mídia

O experimento com o boneco João Bobo nos mostra que, embora grande parte da modelagem ocorra dentro de redes de convivência diária (família, escola, amigos), outra importante fonte de influência é constituída pela mídia. A violência transmitida pela televisão e também presente em muitos videogames é cada vez mais questionada e parece explicar episódios em que adolescentes estão envolvidos em comportamentos agressivos. É de se perguntar se a televisão e os novos meios são apenas um bode expiatório para as críticas da opinião pública ou se são corresponsáveis pela agressividade das novas gerações. Responder a essa pergunta não é fácil por vários motivos. Em primeiro lugar, é difícil isolar a influência da mídia em comparação a outros contextos sociais, como, por exemplo, no caso de famílias disfuncionais em que os pais usam a violência como uma ferramenta educacional. Além disso, é difícil identificar a relação causal entre programas violentos e manifestações de agressividade: as pessoas agressivas são atraídas por programas de conteúdo violento ou os programas em questão determinam comportamentos agressivos nos espectadores?

Os psicólogos sociais tentaram responder a essas questões verificando os efeitos a curto e longo prazo de uma dieta televisiva de alta violência. Os efeitos a curto prazo foram avaliados por meio de estudos experimentais, nos quais os participantes foram expostos a conteúdos violentos e sucessivamente se media seu comportamento agressivo. Numerosas pesquisas mostraram um aumento significativo nos comportamentos agressivos após a exibição de programas de conteúdo violento. No livro *Psicologia sociale dell'aggressività* [Psicologia social da agressividade], a psicóloga Barbara Krahé analisa a extensa literatura relacionada a esse tema e mostra como esse efeito é mais forte no sexo masculino do que no feminino, em crianças e adolescentes do que nos adultos. Os efeitos a longo prazo foram verificados através de estudos longitudinais em que as crianças foram acompanhadas e monitoradas por vários anos. Os resultados, relatados por Krahé, indicam que a preferência de crianças de 8 anos de idade por programas violentos está significativamente ligada à implementação de comportamentos agressivos ao longo de períodos que variam de dez a vinte e dois anos. Além disso, parece que a preferência por programas de televisão violentos aos 8 anos de idade predizem a gravidade dos crimes cometidos aos 30 anos de idade. Resultados semelhantes surgiram em relação ao consumo de videogames com conteúdo agressivo e violento.

Por que a influência da mídia é tão eficaz em fornecer modelos agressivos a ser imitados? Em primeiro lugar, a violência nos meios de comunicação de massa é frequentemente apresentada como a única estratégia eficaz e legítima que os personagens representados, na maioria dos casos "os bons", têm à sua disposição para atingir seus objetivos e derrotar "os vilões". A violência é, portanto, justificada pela situação e nunca sancionada. Em segundo lugar, as consequências sofridas pela vítima da violência nunca são representadas: em outras palavras, a violência parece não ter consequências explícitas para os afetados. Em terceiro lugar, o protagonista é muitas vezes retratado como uma pessoa comum que se encontra em situações que exigem o uso da violência. Essa percepção de similaridade faz com que o espectador se identifique com o personagem. Finalmente, os programas levam o espectador a um estado de excitação emocional – por exemplo, de prazer, raiva ou frustração – que não permite manter uma atitude crítica em relação ao conteúdo apresentado.

No caso de videogames violentos, esses efeitos são amplificados pelo fato de que os jogadores assumem a perspectiva do agressor, mantendo-a durante todo o jogo e tendo um papel ativo e não passivo. Além disso, o videogame está sempre disponível para os jogadores e os resultados positivos obtidos nas partidas anteriores reforçam o comportamento do jogo, criando formas preocupantes de dependência.

Portanto, quando um programa violento transmitido pela mídia possui as características mencionadas, ele pode ativar, especialmente em crianças e adolescentes, processos de aprendizagem imitativa que levam à aquisição desses comportamentos disfuncionais. Além disso, a violência representada também tem outras consequências negativas para um público em idade evolutiva, pois leva a considerar a agressão um aspecto comum e aceitável da vida social, reduz a sensibilidade em relação ao sofrimento das vítimas e contribui para a percepção do mundo como um lugar violento e inseguro.

Além de evitar que crianças e adolescentes assistam a programas com conteúdo violento, uma forma de diminuir seus efeitos é promover uma visão crítica dos programas entre os jovens espectadores. Os pais podem, por exemplo, ajudar crianças ou adolescentes a se conscientizarem das consequências danosas do comportamento agressivo representado, fazendo referência ao sofrimento das vítimas, boas ou más, estimulando a imaginar ações alternativas não violentas.

Comprometimento e desengajamento moral

Vimos como a interação do indivíduo com o ambiente é fundamental para a aquisição de padrões morais. Vejamos em detalhes como esse processo evolui na transição da infância para a adolescência. Nos primeiros estágios de desenvolvimento, a criança está centrada em si mesma, na satisfação de suas necessidades e desejos e, frequentemente, assume comportamentos arriscados para si e para os outros.

Nesse estágio, são os pais que regulam de fora o comportamento: se Murilo, um menino de 10 meses, tenta colocar um lápis na tomada, os pais intervêm concretamente, por exemplo, distraindo a criança com um brinquedo. Se o mesmo comportamento for realizado por volta dos 2 anos, será suficiente que os pais digam "não Murilo, não faça isso" para conter o comportamento, e se isso não acontecer, eles podem recorrer a sanções como requisitar o objeto ou colocar Murilo de castigo. Com o desenvolvimento e a aquisição de habilidades cognitivas, os pais recorrem cada vez mais a explicações racionais, que indicam claramente as regras comportamentais a serem seguidas nas diferentes situações da vida e as penalidades de caráter social (por exemplo, desaprovação social). Se Murilo, agora um pré-adolescente de 11 anos, tem o hábito de mentir, os pais podem explicar a ele que não só é importante ser honesto, assumindo as suas responsabilidades, mas que no longo prazo a mentira pode afetar negativamente as relações com outros: as pessoas não confiam nos mentirosos e preferem não tê-los como amigos. Desse modo, Murilo começa a discernir entre comportamentos socialmente aceitos e rejeitados e, antecipando as consequências das diferentes opções, aprende a escolher a conduta apropriada. Através dos ensinamentos, dos prêmios e das punições, os pais ajudam Murilo, na infância e na adolescência, a assimilar as normas e as regras sociais, para que, além de um sistema externo, desenvolva um sistema de regulação interno. Além disso, como vimos no parágrafo anterior, esse processo é influenciado pela observação dos comportamentos dos outros, como pais, outras pessoas importantes e modelos propostos pela mídia. Esse sistema interno não é um simples produto de eventos ambientais, mas o indivíduo tem um papel ativo: através de processos de abstração, síntese e generalização, ele é capaz de construir seus próprios padrões de conduta.

De acordo com Bandura e os expoentes da teoria social cognitiva, a capacidade de agir moralmente (*moral agency*) depende precisamente da interação entre os sistemas de autorregulação externo e interno. Esses mecanismos entram em cena quando Murilo, agora adolescente, se depara com a possibilidade de implementar uma transgressão, como furtar um produto de uma loja. O garoto antecipa as consequências da ação: elas podem levar a sanções sociais, como reprovação e condenação por parte de sua comunidade de referência, e sanções interiorizadas, como sentimentos de culpa e autocondenação, que por sua vez afetam negativamente a imagem que Murilo tem de si mesmo e sua autoestima. Os dois sistemas de autorregulação, portanto, ao mostrar os possíveis cenários, inibem os comportamentos transgressivos. Parece, no entanto, que com o tempo os indivíduos dão mais importância ao sistema interno, porque – como afirma Bandura – a autocondenação é a pior punição possível. Da mesma forma, esses mecanismos autorreguladores podem favorecer condutas proativas: antecipando as consequências positivas que derivam de ajudar um amigo em dificuldade, como a aprovação social e os sentimentos de autossatisfação e autoestima, Murilo é levado a se comportar de maneira altruísta.

O comportamento moral, portanto, é intencional, voluntário e sujeito ao controle pessoal. Isso também se aplica aos comportamentos imorais: de acordo com essa perspectiva, os padrões morais não são reguladores rígidos de conduta (se assim fosse, todo indivíduo que interiorizasse um sistema de princípios morais deveria comportar-se sempre de acordo com ele), mas deliberadamente se pode não levar em conta tais princípios. O indivíduo, de fato, pode recorrer a escolhas de desengajamento moral, que permitem desvincular a ação dos princípios morais sem sentimentos de autocondenação, que prejudicam a autoestima, no momento em que ele decide transgredir as normas sociais para obter uma vantagem pessoal.

Esses mecanismos começam a ser utilizados desde a infância, mas seu uso é refinado na transição da adolescência para a idade adulta, graças a uma maior sofisticação dos processos cognitivos que permite elaborar justificativas cada vez mais articuladas de suas ações.

Alguns desses mecanismos – justificação moral, rotulagem eufemística e comparação vantajosa – atuam na definição e avaliação da conduta.

A *justificação moral* exige fins mais elevados ou altos princípios morais (Deus, a Pátria, a liberdade) para justificar a ação transgressora. Samuel pode se sentir compelido a agredir Miguel, porque ele ofendeu, com uma apreciação vulgar, a "honra" de sua namorada.

A *rotulagem eufemística* é baseada no poder da linguagem: através de uma redefinição do comportamento repreensível, sua gravidade é atenuada e recebe um caráter de respeitabilidade. Se pensarmos no exemplo anterior, Samuel pode justificar-se dizendo que "só deu uma lição de boas maneiras" a Miguel para fazê-lo entender como deveria comportar-se.

A *comparação vantajosa* opera por meio de uma comparação entre a própria ação e condutas moralmente piores. Desse modo, em contraste, pensa-se que o valor imoral do comportamento é atenuado. Samuel pode justificar-se dizendo que só deu um soco em Miguel, enquanto outros garotos em seu lugar teriam feito pior, por exemplo, usando uma faca.

Outras estratégias de desengajamento – o deslocamento e a difusão da responsabilidade e a distorção das consequências – atuam na avaliação da responsabilidade e das consequências da ação.

O *deslocamento de responsabilidade* atribui a responsabilidade da ação a figuras externas – uma autoridade, por exemplo – para as quais a conduta considerada deriva do que foi ordenado por elas, ou das exigências de uma situação particular. Mário, junto com outros meninos, é responsável por assédio sexual contra Lúcia, uma colega de classe. Tanto Mário quanto sua família atribuem a responsabilidade pelo comportamento às más companhias que influenciaram negativamente o menino.

A *difusão da responsabilidade* opera quando o comportamento transgressivo é colocado em prática na companhia de outros. Essa situação contribui para gerar uma sensação de inimputabilidade diante de falhas que, pelo fato de serem de todos, acabam não sendo de ninguém. Sozinho, Mário nunca teria molestado Lúcia, mas estar com seus colegas atenuou nele a percepção da gravidade da ação agressiva.

A *distorção das consequências* permite ignorar ou minimizar a gravidade das consequências causadas por uma ação através de uma distorção dos seus efeitos. Por exemplo, Mário pode se justificar subestimando a gravidade de sua ação, alegando que a garota está exagerando.

Finalmente, algumas estratégias de desengajamento dizem respeito ao julgamento da vítima: a desumanização e a atribuição de culpa.

A *desumanização* atribui às vítimas uma ausência de sentimentos humanos e isso impede sentimentos de empatia diante de seu sofrimento. Mário e seus amigos não se sentirão responsáveis pelas ações contra Lúcia se acreditarem que as mulheres são inferiores aos homens e que o papel delas é o do simples objeto sexual.

Finalmente, na *atribuição de culpa*, os indivíduos se convencem de que a vítima é totalmente responsável pelo que lhe aconteceu. Mário e seus amigos podem pensar que

Lúcia "queria" ser assediada, já que muitas vezes usava minissaias e provocava os meninos.

Ao avaliar o desenvolvimento do desengajamento moral da infância à adolescência e seu papel na gênese dos comportamentos desviantes, o psicólogo italiano Gian Vittorio Caprara, ao lado de outros colegas, mostrou que o desengajamento tende a ser estável durante a adolescência e decresce por volta dos 20 anos, e que os altos valores de desengajamento na pré-adolescência estão correlacionados com a participação em comportamentos desviantes nos anos seguintes.

Além disso, parece que um ambiente familiar no qual os comportamentos desviantes são justificados e cujos relacionamentos são baseados na agressão e violência induz as crianças a recorrer a essas estratégias de desengajamento.

Finalmente, o desenvolvimento de alguns traços de personalidade, como a empatia e um senso de autoeficácia, inibe a ativação dessas modalidades de desengajamento, tornando o comportamento moral mais provável.

5. O papel da família, da escola e dos amigos

Os contextos de desenvolvimento

Ressaltamos repetidamente que o desenvolvimento moral, em seus vários aspectos, cognitivos, afetivos e comportamentais, ocorre na estrutura de um sistema social dentro do qual são reconhecidos e aprovados certos valores e suas correspondentes regras de justiça. Desde a infância, a família e a escola representam os contextos fundamentais que promovem a socialização das novas gerações às normas sociais. Durante a adolescência, os indivíduos podem expressar a necessidade de distanciar-se das regras vigentes para demarcar sua identidade. Nessa fase, o grupo de amigos torna-se um importante contexto de desenvolvimento, um lugar no qual confrontar-se, no qual experimentar e no qual aprender a partir da comparação com outros considerados semelhantes a si mesmo.

Vejamos detalhadamente como cada um desses âmbitos sociais pode contribuir positivamente (e em alguns casos negativamente) para o desenvolvimento moral das novas gerações. Não temos a pretensão de elencar todos os fatores que podem levar ao desenvolvimento de um senso moral sólido. Em vez disso, vamos nos referir a algumas variáveis relacionadas à qualidade das relações que crianças e adolescentes estabelecem com as mais importantes figuras de referência (pais, professores e amigos) e que a literatura mostrou ser particularmente relevante em favorecer formas de conduta moral.

Com a ajuda dos pais

> Christopher: "Sabe o que eu não entendo? Porque as pessoas, todas as pessoas, são sempre tão más umas com as outras. Não faz sentido. Julgamento. Controle. Todas estas coisas...".
> Wayne: "De que pessoas estamos falando?"
> Christopher: "Você sabe, pais [...]".

Esse diálogo é extraído do filme *Na natureza selvagem*, dirigido por Sean Penn em 2007, que conta a história real de Christopher McCandless, um jovem que aparentemente tem todos os motivos para ser feliz. Ele acaba de se formar em uma escola de prestígio e tem a oportunidade de entrar em Harvard para estudar Direito. Os pais são muito ricos e dispostos a ajudar financeiramente o filho. No entanto, o quadro familiar de felicidade é apenas de fachada: o pai é um homem autoritário com quem o diálogo é difícil e, assim como a mãe, está mais preocupado com as aparências do que com as emoções e os desejos dos filhos. A relação entre os pais é péssima e o casal permanece junto apenas por razões financeiras. Christopher descobre que até mesmo o casamento deles é uma mentira: seu pai havia se casado anteriormente com outra mulher, com quem teve outro filho e de quem nunca se divorciou para se casar com sua mãe, portanto, ele e sua irmã, na realidade, são filhos ilegítimos. Então o rapaz faz uma escolha extrema: dá tudo o que tem para caridade, muda de nome e viaja pelos Estados Unidos até chegar ao Alasca, para viver um período em contato com a natureza, longe do formalismo da família e da sociedade em que cresceu.

Nos capítulos anteriores, mostramos várias vezes o papel fundamental dos pais em ajudar seus filhos a conhecer, compreender e respeitar as normas e regras sociais. O objetivo que os pais se propõem, através do processo de socialização, é que as crianças reconheçam a validade e a utilidade do sistema normativo da cultura familiar e adiram a ela com plena autonomia e liberdade. O processo de interiorização através do qual os filhos adquirem e se apropriam do sistema de valores pode ser influenciado pelo clima emocional que caracteriza a relação que estabelecem com seus pais. No caso de Christopher, a falta de um clima baseado no respeito, na sinceridade, na honestidade e na aceitação do outro, leva-o a cortar elos não apenas com a família, mas também com os "valores" propostos por ela.

A qualidade do clima familiar é importante não só na infância, mas também na adolescência. Durante muito tempo, pensou-se essa fase da vida como um período de *tempestade e estresse*, caracterizado por crises familiares e conflitos quase insolúveis. Na verdade, diferentemente do que emerge do filme mencionado, estudos recentes frequentemente revelam a disseminação de famílias "pacificadas", caracterizadas por relações baseadas na reciprocidade e no diálogo. Isso não significa que não haja desentendimentos e discussões, especialmente sobre questões relacionadas às regras de comportamento estabelecidas pelos pais, mas os dados à nossa disposição mostram que, em geral, os filhos expressam uma opinião geral positiva sobre a atuação dos pais e prezam os modelos por eles personificados de mãe e pai.

Um dos fatores mais influentes no desenvolvimento psicossocial dos indivíduos é a qualidade do apego, isto é, do vínculo emocional que eles desenvolvem com os pais. Desde o nascimento, os seres humanos são predispostos a desenvolver um forte vínculo de apego com quem cuida deles. Os estudos do psicólogo e psicanalista britânico John Bowlby e de sua colaboradora Mary Ainsworth mostram, no entanto, que as crianças podem manifestar diferentes tipos de apego e que essa diversidade depende do tipo de cuidado recebido dos adultos, especialmente da mãe. As mães que gostam de ter um contato mais próximo com seus filhos, que são sensíveis e respondem aos sinais sociais que eles enviam e que os levam a explorar o ambiente, têm crianças que demonstram um apego seguro. Essas crianças consideram a mãe uma base segura, a partir da qual podem explorar o mundo. Em outras palavras, as crianças que desenvolvem esse apego confiam em sua mãe, sabem que ela as ama e não as abandonaria: com base nesse relacionamento, elas se sentem capazes de se afastar para realizar novas experiências.

Algumas mães tendem a ser incoerentes e imprevisíveis no cuidado de seus filhos: às vezes elas respondem com zelo quando as crianças precisam delas, às vezes não, ou de repente as bombardeiam com fortes estímulos mesmo quando não são necessários. Essas mães não conseguem estabelecer rotinas sincronizadas com seus filhos, os quais não conseguem relacionar suas demandas com as respostas maternas, segundo uma relação de causa e efeito. Nesses casos, as crianças podem desenvolver um apego ambivalente, caracterizado por sentimentos contraditórios: às vezes elas ignoram a mãe, mas depois a procuram desesperadamente, outras vezes a rejeitam com raiva, mas depois temem ser abandonadas por ela.

As mães que se comportam de maneira extremamente rígida e distanciada, que expressam negativamente suas emoções em relação aos filhos e não têm prazer em relacionar-se com eles, têm uma alta probabilidade de criar crianças caracterizadas por um apego evitativo. As crianças logo entendem que não podem contar com o apoio afetivo e emocional de sua mãe, por isso aprendem a se virar sozinhas. Essa autonomia é caracterizada por uma grande dificuldade em expressar e manifestar os próprios sentimentos e emoções.

O último estilo de apego, chamado desorganizado/desorientado, foi observado principalmente quando as mães vivenciaram graves traumas ou perdas ainda não resolvidos durante a infância ou a gravidez, ou quando têm condutas abusivas em relação aos filhos. Nesses casos, as crianças apresentam comportamentos aparentemente semelhantes aos das crianças seguras, evitadoras ou ambivalentes, mas de forma confusa e contraditória. As experiências passadas, às vezes de aceitação e em outros momentos de estranhamento e maus-tratos, criam uma grande confusão nas crianças, que não sabem se devem aproximar-se da mãe para buscar conforto ou ficar longe dela para manter-se em segurança.

O estilo de apego estabelecido com as figuras parentais tem um alcance muito relevante, que vai além das relações familiares: de fato, uma vez interiorizado, influencia a autoimagem dos indivíduos ("Minha mãe me ama e por isso sou digno e merecedor de amor"), a compreensão de suas experiências emocionais e a concepção de sua dimensão moral. Os benefícios de um apego seguro são muitos: as crianças e os adolescentes que desenvolvem esse estilo de apego têm mais amigos e são mais populares, têm melhor desempenho escolar e são capazes de estabelecer relacionamentos afetivos mais estáveis e satisfatórios com seus pares na vida adulta em comparação aos que têm um estilo ambivalente, evitante ou desorganizado/desorientado. Algumas pesquisas mostram que esse estilo de apego fornece um clima positivo para o desenvolvimento moral: comparado às formas disfuncionais, crianças e adolescentes que estabelecem um vínculo seguro têm boas probabilidades de apresentar melhores capacidades empáticas, de conseguir assumir melhor a perspectiva dos outros, de não serem agressivos, mais abertos a cooperar e mais capazes de raciocinar obedecendo a sua própria moralidade.

Outra variável muito importante que afeta a qualidade das relações familiares é o estilo educativo que os pais adotam ao criar seus filhos. Desde os anos 1970, os psicólogos do desenvolvimento tentam identificar os métodos pedagógicos mais funcionais para o desenvolvimento de crianças e adolescentes. Diana Baumrind, uma conhecida pesquisadora norte-americana, identificou duas dimensões fundamentais da conduta educativa dos pais em relação aos filhos: a *responsividade* ou *apoio*, que se refere à capacidade de responder às necessidades das crianças e valorizar as qualidades delas (sem pretender modelá-las à própria imagem, demonstrando calor, aceitação e envolvimento), e *controle* ou *severidade*, que se refere a como os pais supervisionam o comportamento dos filhos e esperam deles comportamentos responsáveis. O controle é, portanto, expresso tanto no nível psicológico (fazer-se presente, encorajando e monitorando) quanto no comportamento (estimulando a decidir, criticando ou elogiando as escolhas feitas). Com base em como essas duas dimensões estão presentes na maneira como cada pai e mãe se relaciona com seus filhos, foram identificados quatro diferentes estilos educativos.

1. *Autoritativo* ou *democrático* (alto apoio e alto controle). Pais democráticos adotam comportamentos responsáveis em relação a seus filhos e exercem conscientemente a função de apoio e orientação em sua educação. Embora o relacionamento seja assimétrico, eles são sensíveis às necessidades dos filhos, sabem reconhecer e valorizar suas habilidades, fazem solicitações apropriadas e razoáveis. Encorajam os intercâmbios e a comunicação verbal, levam em consideração os pedidos de seus filhos, sem necessariamente aprová-los, discutem com eles a conduta a ser tomada em diferentes situações e apreciam e encorajam o desenvolvimento da autonomia. Enfim, mostram afeição, calor e empatia em relação a eles.

2. *Autoritário* (baixo apoio e alto controle). Pais autoritários controlam e tentam moldar seus filhos com base em um ideal, expressando continuamente juízos avaliativos

sobre seus comportamentos e atitudes, impondo-lhes uma conduta padrão, muitas vezes considerada a única positiva. Para os pais autoritários, a obediência à autoridade é uma virtude que eles tentam enraizar em seus filhos, recorrendo a intervenções punitivas. Além disso, desencorajam as trocas verbais, exigindo, em vez disso, que seus filhos sigam as regras impostas a eles sem explicar o sentido; mostram-se inflexíveis, emocionalmente desapegados e assertivos, a ponto de provocar ansiedade, medo e frustração.

3. *Permissivo* ou *indulgente* (alto apoio e baixo controle). Pais permissivos são afetuosos e acolhedores: tendem a satisfazer os desejos de seus filhos, mesmo que sejam sem sentido, e não exigem comportamentos corretos e responsáveis em família. Deixam que os filhos façam as próprias escolhas, evitam controlá-los e não os pressionam a obedecer a padrões definidos, tentam convencê-los com o raciocínio sem exercer o poder que têm à sua disposição. Não oferecem verdadeiramente às crianças nenhum apoio responsável à sua formação.

4. *Negligente* (baixo apoio e baixo controle). Pais negligentes parecem totalmente desinteressados e indiferentes às necessidades de seus filhos: não os controlam, não lhes pedem nada e dão poucas ferramentas para que eles entendam o mundo e suas regras. Não demonstram afeição, proximidade e apoio. Além disso, não levam em consideração as opiniões e os sentimentos das crianças.

O estilo autoritativo ou democrático, como mostram numerosos estudos, é o que mais permite que os adolescentes insiram-se no contexto social, desenvolvendo um senso crítico próprio que os torna confiantes e satisfeitos consigo mesmos e mais capazes de autocontrole. A literatura demonstra que, nas crianças, o estilo democrático dos pais está associado a níveis avançados de raciocínio moral, a maiores capacidades empáticas, além da implementação de comportamentos pró-sociais. Além disso, aumenta a disponibilidade dos filhos em confidenciarem-se com os pais (*self-disclosure*). Esse aspecto da comunicação familiar é um elemento crucial para a compreensão mútua e para as escolhas de controle ou apoio que os pais têm em relação aos filhos.

Os filhos de pais autoritários, ao contrário, tendem a ser egocêntricos, ter uma baixa autoestima e uma atitude negativa em relação ao mundo – características que podem levar a problemas de adaptação ou a comportamentos agressivos.

Quando o estilo dos pais é permissivo, no entanto, as crianças facilmente demonstram imaturidade, dificuldade de autocontrole e de assumir condutas socialmente responsáveis e pouca autoconfiança. Além disso, por sentirem-se sozinhas, especialmente em momentos difíceis, podem manifestar comportamentos agressivos justamente para despertar nos pais as respostas de contenção firmes necessárias para sentirem-se protegidas e amadas.

Finalmente, o estilo negligente é o que produz os resultados mais desastrosos: as crianças mostram pouco controle sobre os impulsos e as emoções, têm mais dificuldades no ambiente escolar e correm maior risco de desvio.

No entanto, não se deve considerar unicamente a influência do estilo parental sobre o comportamento e o estado de ânimo dos filhos, como se a relação fosse unidirecional, dos adultos em relação às crianças. Håkan Stattin e Margaret Kerr, psicólogos suecos, conhecidos sobretudo pela realização de pesquisas longitudinais de longo alcance sobre os processos de crescimento, mostraram que a relação entre pais e filhos é, por natureza, de reciprocidade: os filhos não são apenas passivos no acolhimento de estímulos que chegam a eles de seus pais, mas com sua conduta influenciam o modo como eles atuam, especialmente na transição da infância para a adolescência.

Por fim, a última variável a que queremos chamar a atenção dos leitores, e que consideramos útil para a criação do clima relacional necessário ao desenvolvimento psicossocial e moral de crianças e adolescentes, é a percepção de justiça no ambiente familiar. Um grupo de pesquisa da Universidade de Bolonha, formado pelas psicólogas sociais Monica Rubini, Silvia Moscatelli e Alessandra Roncarati, destacou que as experiências de justiça/injustiça vivenciadas na família têm importantes repercussões na vida dos indivíduos. O ponto de partida das autoras é que cada família representa um grupo social particular. Como outros grupos sociais, a família caracteriza-se pela presença de relações de vínculo e estruturas hierárquicas de normas e regras. No entanto, o investimento afetivo é muito mais intenso e central para a vida das pessoas envolvidas em comparação com outras formas de agregação social. Desde a infância, os indivíduos observam a maneira como os pais, ou seja, as figuras que detêm a autoridade, relacionam-se entre si, com os filhos e com outras pessoas, como tomam decisões, gerenciam conflitos, distribuem os recursos disponíveis e cooperam no cumprimento das tarefas familiares. Com base nisso, os filhos elaboram suas avaliações sobre a justiça exercida pelos pais e o modo como são tratados e, a partir dessa apreciação, inferem a consideração que lhes é dirigida e o valor atribuído a eles. O comportamento dos pais pode se basear em dois princípios diferentes de justiça: justiça distributiva e justiça processual. A justiça distributiva se refere à maneira pela qual os pais, ao educar os filhos, distribuem recursos concretos e simbólicos, dividem tarefas domésticas e recorrem a recompensas e punições. Em alguns casos, os pais podem fazer referência ao princípio da equidade, premiando os filhos em função do compromisso na realização de determinados objetivos; ao princípio da igualdade, distribuindo recursos iguais entre os irmãos; ou ao princípio da necessidade, com foco nas necessidades específicas de cada membro da família. A justiça processual, por outro lado, refere-se ao fato de que os pais, ao tomar as decisões, podem ser imparciais (princípio da neutralidade), basear-se em fatos verificáveis, sendo capazes de motivar suas escolhas e manter os seus compromissos (princípio da confiabilidade) e tratar seus filhos com dignidade, reconhecendo suas opiniões, exigências e necessidades (princípio do reconhecimento do status).

Os estudos realizados por essas autoras mostram que quando os pré-adolescentes e os adolescentes se sentem tratados com justiça, eles acreditam ser respeitados por seus pais. Além disso, essa linha de ação influencia positivamente o clima familiar, promovendo formas responsáveis de participação: os adolescentes se tornam mais abertos ao diálogo, mostram-se mais disponíveis a aceitar e respeitar as regras e mais dispostos a cooperar com os outros membros da família, mesmo que isso envolva algum sacrifício pessoal.

No entanto, as duas formas de justiça não têm a mesma importância. Especialmente na transição da pré-adolescência para a adolescência, graças ao amadurecimento do pensamento formal e do raciocínio moral (que permitem que as pessoas se concentrem nos princípios superordenados das relações sociais), a justiça processual torna-se um critério mais relevante na avaliação da atuação dos pais, enquanto a justiça distributiva assume um papel secundário. Nessa fase, torna-se essencial que os adolescentes se sintam tratados com consideração e tenham a oportunidade de expressar livremente suas opiniões, mesmo nas situações mais conflituosas e difíceis.

Comportar-se de acordo com esses critérios não significa adotar um estilo de parentalidade "frouxo": o princípio da justiça processual implica, de fato, uma comunicação franca com os filhos, explicando possíveis divergências com relação a certas opiniões e comportamentos, mas permite manter sempre abertos os canais de comunicação. Os estudos realizados pelas mesmas autoras mostram que os comportamentos do pai e da mãe assumem pesos diferentes: é o tratamento recebido da mãe que se conecta mais com o respeito que os adolescentes percebem dos pais tanto na pré-adolescência quanto na adolescência.

Mas o que acontece quando pré-adolescentes e adolescentes pensam que estão sendo tratados de modo injusto por seus pais? A literatura mostra que a injustiça alimenta emoções negativas, como raiva, frustração e ansiedade, as quais, especialmente se vivenciadas como resultado de experiências repetidas de tratamento injusto dos pais, influenciam o bem-estar psicofísico dos indivíduos. Além disso, a experiência de injustiça na família pode ter um impacto negativo na conduta moral que os adolescentes colocam em prática em outros contextos e nas relações sociais fora da família. De fato, os adolescentes que experimentam interações familiares conflitantes e caracterizadas por um baixo nível de justiça estão mais envolvidos em grupos de jovens desviantes e em comportamentos de *bullying*, além de terem mais experiências de fracasso escolar.

Os fatores mencionados mostram que o desenvolvimento moral dos filhos não depende apenas dos ensinamentos que os pais fornecem sobre "o que é bom" ou "o que é ruim", mas da atmosfera de respeito, abertura, atenção às necessidades dos outros, e também de controle e severidade, que caracteriza a vida familiar.

O relacionamento com os professores

Vou começar a contar do dia em que saí do Internato Pencey. O Pencey é aquele colégio em Angerstown, na Pennsylvania. Já devem ter ouvido falar nele, ou pelo menos visto os anúncios. Eles fazem propaganda em mais de mil revistas, mostrando sempre um sujeito bacana, a cavalo, saltando uma cerca. [...] Pois nunca vi um cavalo por lá, nem mesmo para amostra. E, embaixo do desenho do sujeito a cavalo, vem sempre escrito: "Desde 1888 transformamos meninos em rapazes esplêndidos e atilados". Pura conversa fiada. Não transformam ninguém mais do que qualquer outro colégio. E não vi ninguém por lá que fosse esplêndido e atilado. Talvez dois sujeitos, se tanto. E esses, com certeza, já chegaram lá assim. [...] (J.D. Salinger, *O apanhador no campo de centeio*. Tradução: Álvaro Alencar, Antônio Rocha e Jório Dauster. 16. ed. Rio de Janeiro: Editora do Autor, 1999.)

A narrativa muitas vezes é interrompida para descrever escolas autoritárias, de modo que a relação entre professores e alunos é apenas de natureza avaliativa, com frequentes nuances de moralismo e da desvalorização das capacidades e ideias das novas gerações. Exemplar, nesse sentido, é a descrição que Holden, o protagonista do famoso romance de Jerome David Salinger, fornece do "prestigioso" instituto do qual será expulso. A escola pode ser uma experiência que ajuda o indivíduo a crescer, um contexto privilegiado para facilitar o desenvolvimento de competências morais ou uma experiência dolorosa, com regras rígidas, frias e impostas de cima. Vejamos detalhadamente alguns fatores que contribuem para criar em sala de aula um "clima moral" eficaz na formação dos indivíduos. Vamos partir das características que estão na base da experiência escolar e que a tornam tão importante na vida das pessoas.

A escola representa uma das principais instituições não familiares às quais a sociedade confia a tarefa de preparar os jovens para a vida social. Em comparação com o passado, as exigências sociais e de trabalho atuais determinam a entrada nesta instituição desde a primeira infância. Uma vez inseridas no sistema escolar, as crianças e os adolescentes experimentam simultaneamente relacionamentos múltiplos e diferentes, tanto simétricos, com os amigos com os quais compartilham muito tempo todos os dias, como assimétricos, em relação ao poder exercido pelos adultos (professores, administradores escolares, funcionários administrativos), que influenciam uma parte não pequena de sua vida cotidiana.

Os indivíduos logo aprendem que os adultos devem ser respeitados não apenas por suas características pessoais, mas porque desempenham um papel importante dentro da instituição. As relações simétricas e assimétricas então se desenvolvem dentro de uma estrutura de referência fornecida pelo regulamento escolar, que frequentemente requer que sejam respeitadas normas de comportamento diferentes daquelas que regem as relações interpessoais informais. Além disso, os alunos devem atingir determinados níveis de produtividade (expressos pelo desempenho escolar), cujos resultados são submetidos a uma contínua avaliação pelos professores. A escola, portanto, representa a primeira forma de interação prolongada entre indivíduos e uma instituição formal. Essa interação exige dos estudantes um investimento considerável de energia, não apenas no nível cognitivo, mas também no afetivo e emocional.

Como vimos no segundo capítulo deste volume, a escola pode ajudar e apoiar o desenvolvimento moral dos alunos. O projeto das *Just Communities* [Comunidades Justas], implementado por Kohlberg e colaboradores, é um exemplo de como os programas e a organização escolar podem promover a capacidade de as crianças e os adolescentes raciocinarem em termos morais. Mas a experiência de Kohlberg não é a única com esses propósitos. Estudos sobre a aprendizagem cooperativa (*cooperative learning*) mostram que a possibilidade de trabalhar em pequenos grupos de forma interativa, responsável, colaborativa e solidária promove o desenvolvimento sociomoral dos estudantes.

Ao longo dos anos tem havido um aumento considerável nas contribuições e intervenções que destacam como o clima moral escolar afeta o comportamento dos alunos, especialmente na adolescência, melhorando seu desempenho acadêmico, sua competência moral e a implementação de comportamentos pró-sociais, limitando o desenvolvimento de comportamentos opositores e delinquentes. Esses projetos baseiam-se na capacidade da escola e, acima de tudo, dos professores, de criar uma relação de confiança e respeito, na qual os alunos possam expressar suas ideias e opiniões. Este não é o lugar para explicar detalhadamente os procedimentos dessas intervenções. Mas queremos nos deter na relação entre professores e alunos e nas implicações de favorecer ou não as condutas morais.

A partir do relacionamento com os professores, os alunos recebem estímulos culturais nem sempre disponíveis na vida familiar, ampliando os modelos operacionais com os quais se comparar, enriquecendo o repertório de comportamentos para se referir ao aumento da aprendizagem sobre o funcionamento do mundo social. A influência que os professores podem exercer sobre o desenvolvimento dos indivíduos se deve, em parte, ao fato de serem figuras de adultos não ligados aos sujeitos crescendo em uma relação predominantemente afetiva, como os pais. Precisamente por essa razão, eles são capazes de oferecer modelos sociais que são psicologicamente menos complicados e talvez mais úteis no nível de identificações provisórias, que constituem passos necessários para a construção de uma identidade original.

Apesar de ser assimétrica, a relação entre professores e alunos é recíproca: assim como os docentes avaliam os alunos, estes também expressam julgamentos, nem sempre explícitos, sobre os professores. Tais julgamentos dizem respeito tanto à competência profissional quanto às formas de relacionamento com os alunos. Como acontece na família, os jovens avaliam diversos aspectos relacionados à justiça na atuação dos professores. A justiça distributiva refere-se ao fato de que as notas são atribuídas de acordo com o princípio de igualdade (todos os estudantes são iguais e não há favoritismo), de equidade (a avaliação de cada aluno é feita segundo critérios objetivos) e de necessidade (cada aluno deve ser avaliado considerando seu empenho, a história pessoal, o progresso alcançado).

A justiça processual, por outro lado, diz respeito aos critérios e procedimentos adotados pelos professores para avaliar os alunos e administrar os relacionamentos em sala de aula. Em particular, os professores que aplicam corretamente os princípios da justiça processual levam em consideração as exigências e necessidades dos alunos, são imparciais em suas decisões e agem de maneira previsível e confiável, por exemplo, divulgando e explicando os critérios de avaliação.

Como destacam as psicólogas Rubini, Moscatelli e Roncarati, a justiça no ambiente escolar oferece outra dimensão: a justiça comparativa, que se refere à comparação entre o modo como os professores se relacionam com o indivíduo e com os demais alunos em sala de aula.

As pesquisas confirmam que os adolescentes que se sentem tratados de modo justo por seus professores desenvolvem um sentimento de identificação e orgulho em relação à instituição escolar, aderem às regras da escola, sentem-se motivados a estudar e a ter um comportamento cooperativo. Especialmente na adolescência, a justiça processual parece desempenhar um papel central na avaliação do comportamento dos professores.

É interessante notar que a experiência de ser tratado com justiça (ou injustiça) pelos professores não permanece confinada dentro dos muros da escola, mas, precisamente porque a escola é a primeira instituição com a qual os indivíduos entram em contato, tem uma importância muito maior. Os psicólogos britânicos Nicholas Emler e Stephen Reicher puderam demonstrar, graças a testes empíricos muito sólidos, que uma atitude desenvolvida em relação à instituição escolar, seja positiva, seja negativa, pode ser transferida e adotada também em relação a outras instituições sociais. Em outras palavras, as relações que se estabelecem na instituição escolar têm um papel muito importante na fundamentação das posições que os indivíduos assumirão em relação a várias autoridades formais e suas múltiplas articulações. Os adolescentes que vivem na escola uma experiência frustrante, porque se sentem tratados injustamente, tendem a desenvolver uma atitude de desconfiança e, por vezes, de desafio não apenas em relação às regras da escola, mas também, muitas vezes, em relação a outros setores da comunidade social regulados por uma ordem institucional. Isso não significa que eles necessariamente se excluam do consórcio civil, como certas posições desvalorizadoras e depreciativas de experiências juvenis persistentemente sustentam. Quem não aceita as regras institucionais, em vez disso, esforça-se para buscar seu próprio espaço na sociedade fora de tais regras, em uma espécie de sistema informal construído com amigos que compartilham as mesmas experiências e as mesmas atitudes negativas em relação ao sistema formal. Vamos discutir esse aspecto a seguir. De qualquer forma, a complexa dinâmica até agora considerada mostra quais são as condições que na vida escolar podem facilitar ou dificultar a educação para o respeito às normas sociais.

A influência do grupo de amigos

Nos últimos anos da adolescência [e juventude] a "turma" é a instituição mais importante de todas, a única que parece dar sentido à vida. Estar com os amigos é o maior prazer, diante do qual tudo o mais empalidece. [...] Ir à escola, fazer bem o dever de casa, eram atividades em si nem boas nem ruins, mas desagradáveis porque consumiam tempo: perdia-se tempo até mesmo comendo em casa. Assim que possível corríamos para "fora", encontrávamos os amigos e só então nos sentíamos felizes. Por isso, nenhuma outra experiência posterior foi tão perfeita. O mundo era aquele, autossuficiente, plenamente satisfatório (L. Meneghello, *Libera nos a Malo* [Livrai-nos de Malo], 1963).

No livro *Libera nos a Malo* [Livrai-nos de Malo], Luigi Meneghello nos fornece uma descrição eficaz de como, na adolescência, as relações com o grupo de amigos representam uma experiência fundamental e indispensável. De fato, comparadas às relações estabelecidas na infância, nas quais a dimensão diádica era privilegiada (pensemos na importância atribuída ao "melhor amigo" ou à "melhor amiga"), os adolescentes são movidos pelo desejo de ampliar sua rede social através da participação em grupos de amigos. A esse respeito, pesquisas mostram que a porcentagem de adolescentes que consideram pertencer a uma "turma" uma experiência fundamental é de cerca de 90%.

No entanto, os grupos de adolescentes não devem ser considerados apenas como um espaço de recreação e entretenimento. Estudos realizados por nós mostram que a participação em turmas desempenha importantes funções psicossociais na adolescência. Os relacionamentos com os amigos pertencentes ao mesmo grupo contribuem para a compreensão de si e da realidade ao redor, proporcionam ajuda e apoio mútuos, especialmente nos momentos difíceis, permitem avaliar a si mesmo, as próprias habilidades e opiniões através da comparação com outras percebidas como semelhantes, dão a possibilidade de estabelecer relações de proximidade interpessoal que, em alguns casos, podem levar a relações íntimas entre os membros do grupo. Além disso, graças à comparação com outros grupos presentes no território, é possível avaliar o valor do próprio grupo e o resultado dessa avaliação tem importantes repercussões na autoestima dos membros individualmente.

Dentro do universo dos grupos de adolescentes, é possível distinguir entre grupos formais e grupos informais.

Os *grupos formais* são constituídos como emanação de instituições e movimentos religiosos, esportivos, políticos e culturais. Embora procedam de atividades e experiências heterogêneas, todos os grupos formais compartilham a relação explícita com valores de referência específicos e o compromisso de realizar atividades concretas; disponibilizam aos seus membros um espaço físico de reunião que representa um elemento de identificação simbólica; preveem a participação de algumas figuras adultas (educadores, treinadores, especialistas de vários tipos) que garantam a continuidade do esforço na busca dos objetivos estabelecidos. Vale ressaltar que, enquanto os participantes dos vários grupos formais são relativamente numerosos no início da adolescência, com o passar dos anos o número de membros tende a diminuir também de forma consistente, em favor de modalidades agregativas mais espontâneas, como as dos grupos informais.

As causas dessas deserções são múltiplas: a perda de interesse pelos objetivos do grupo, as dificuldades de se relacionar com adultos (catequistas e treinadores), a discordância das regras estabelecidas, o desejo de maior liberdade e independência.

Os *grupos informais*, por outro lado, são agregações espontâneas de adolescentes que se reúnem regularmente, sem nenhum propósito maior que a manutenção e o aprofundamento dos laços de amizade entre os membros que as compõem. As atividades mais importantes e emocionalmente significativas para o grupo são "conversar", "estar juntos" e "passear". A grande maioria dos adolescentes com idades entre 14 e 18 anos (cerca de 70%) pertence a grupos desse tipo e os escolhe com base na percepção de semelhanças e dimensões relevantes para eles, como a aparência exterior, os gostos musicais e o estilo de vida. Os locais de encontro desses grupos espontâneos são geralmente a rua, os shopping centers, os parques, os bares e as quadras esportivas.

A opinião pública tende a considerar os grupos formais como lugares seguros, graças à presença de educadores adultos, nos quais os adolescentes são educados segundo valores éticos e morais, respeito às regras e à autoridade, e também a julgar de forma negativa os grupos informais, assumindo-os como bandos de desencaminhados dedicados a delitos de vários tipos, que perturbam a ordem apenas com sua presença. Alguns estudos realizados por nós mostram que quem pertence a grupos formais desenvolve atitudes mais positivas em relação ao sistema institucional do que quem pertence a grupos informais. No entanto, nem todos os grupos informais são iguais. O mesmo estudo mostra que em muitos grupos informais existe um sistema de regras autoproduzido que rejeita fortemente comportamentos transgressivos ou delituosos expressando atitudes mais alinhadas com o sistema institucional. Há também descobertas incontestáveis quanto ao valor construtivo que esses grupos informais podem ter para seus membros.

Como, então, é possível esclarecer a relação existente entre grupos informais, aos quais a maioria dos adolescentes pertence, e as várias formas de conduta delinquente implementadas por uma minoria deles?

Distanciando-se tanto das explicações teóricas de natureza disposicional, segundo as quais o desvio se origina de uma deficiência na personalidade do indivíduo, quanto de interpretações sociológicas, segundo as quais o comportamento desviante é resultado do fracasso da sociedade em fazer com que seus membros se adaptem às normas sociais, Emler e Reicher concentram sua atenção no significado que os adolescentes dão para a escolha consciente de "desencaminhar-se".

Como vimos no parágrafo anterior, a maioria dos adolescentes, no processo de se tornar adultos, percebe que o sistema institucional oferece proteção e oportunidades de integração na sociedade àqueles que agem em conformidade com ele. Além disso, esses adolescentes percebem que seus grupos podem ser uma ferramenta importante para entender e reinterpretar as regras sociais, não apenas por estarem submissos a elas, mas por se comprometer a modificá-las.

No entanto, existem grupos que podem elaborar, dependendo da experiência vivida individualmente pelos membros com autoridades formais, especialmente com o sistema escolar, uma atitude negativa em relação às normas e regras que governam a vida coletiva e tentam criar seu próprio espaço na sociedade, numa espécie de *sistema informal*. Esse sistema permite-lhes dar a si mesmos e ver reconhecida uma *reputação* de um tipo mais ou menos transgressivo. Em outras palavras, o desvio surge da escolha de comunicar uma atitude antagônica em relação às autoridades institucionais e representa uma maneira de obter visibilidade em relação ao tecido social de cada um. De fato, ao contrário do que afirma o senso comum, não é verdade que os atos desviantes na adolescência sejam cometidos por indivíduos isolados, mais preocupados em ocultar o que fazem. Toda ação desviante tem sempre seu próprio público: ela é colocada em prática com os membros do próprio grupo e visa validar perante eles sua *reputação de antagonista* em relação ao sistema institucional.

Um fato recente, que ocorreu em uma cidade italiana e foi publicado nos jornais em 19 de outubro de 2013, é dramaticamente exemplar nesse sentido: durante uma festa de aniversário entre colegas de escola, realizada na casa de um dos participantes, cinco meninos (um deles menor de idade) atraíram uma menina de 16 anos para o banheiro e a estupraram, um após o outro. Evidentemente, os cinco sabiam o que estavam fazendo. Diz-se que um deles, ao sair do banheiro, fez sinais para os colegas não diretamente envolvidos, que, no entanto, não fizeram nada para evitar a violência. Entre eles havia várias meninas.

Deve-se notar, no entanto, que assumir uma reputação desviante na adolescência não implica necessariamente que o ator em questão desenvolverá uma carreira desviante de longo prazo. Múltiplas observações práticas e levantamentos científicos demonstram que a maior frequência dos fenômenos de desvios juvenis ocorre entre os 15 e os 17 anos, e depois diminui no final da adolescência. Da mesma forma, a importância do grupo de amigos tende a diminuir com o passar do tempo em concomitância com as escolhas de estudo e de trabalho dos indivíduos e a evolução para relações de casal mais estáveis. Nesse ponto, a agregação de amigos, consistindo principalmente em estar junto, não parece mais funcionar como ponto de referência essencial.

Conclusões

Neste volume, tentamos dar uma ideia geral de como a moralidade se desenvolve e evolui nos seres humanos. Ao longo dos capítulos, tentamos separar os componentes que caracterizam a moralidade: o *cognitivo*, relacionado à maneira pela qual os indivíduos aprendem a pensar em termos éticos; o *emocional-afetivo*, que se refere às emoções vivenciadas em face dos dilemas morais; e o que concerne ao papel da *experiência* e do *aprendizado* na escolha dos comportamentos a serem implementados. Esta subdivisão é resultado dos modelos teóricos de referência, que se concentram em aspectos específicos do desenvolvimento moral.

Mas não queremos que esta divisão faça perder de vista o todo. Nas escolhas diárias, todos esses componentes entram em jogo, o raciocínio nunca é asséptico, as emoções, a experiência anterior, bem como a pressão social e as expectativas de pessoas importantes (familiares, professores, amigos, colegas) tornam o processo de tomada de decisão complicado e, por vezes, bastante difícil. A esse respeito, estudos recentes mostram que os processos cognitivos e emocionais entram em jogo de maneira diferente, dependendo do tipo de problemas ético-morais vivenciados pelo indivíduo. O neurocientista Joshua Greene e sua equipe, da Universidade de Harvard, observou que, diante de um dilema ético-moral, as pessoas usam duas estratégias: uma utilitarista e instrumental (o maior bem para o maior número de pessoas), impulsionada por processos cognitivos controlados, e outra deontológica ("direitos" e "deveres"), dirigida por reações emocionais automáticas. Graças ao uso da ressonância magnética funcional, emergiu que essas duas estratégias de pensamento ativam diferentes circuitos neurais, o primeiro ligado à esfera racional (córtex pré-frontal) e o segundo ligado à esfera emocional, que pode entrar em conflito com os dilemas morais particularmente intensos.

Começamos este texto descrevendo a complexa relação entre natureza e cultura. A esse respeito, no entanto, convém destacar que a maioria dos estudos aqui relatados foi realizada em "culturas ocidentais", como a nossa. Esse esclarecimento é importante. Os mesmos estudos da escola de Kohlberg, que, como vimos, consideravam o desenvolvimento moral como um processo universal, descobriram que a obtenção de altos níveis de raciocínio moral só é possível em sociedades complexas, nas quais os indivíduos podem receber educação escolar regular até o final da adolescência. Essa condição estimula o pensamento reflexivo e oferece oportunidades de *role taking* necessárias para enfrentar dinâmicas sociais complexas, que questionam interesses conflitantes. Podemos, portanto, afirmar que, de acordo com modelos teóricos mais recentes, embora alguns princípios morais sejam universais (por exemplo, não matar), eles podem ser declinados de maneira diferente nos vários contextos sociais e culturais de referência.

Queremos concluir este caminho com uma pequena reflexão. O desenvolvimento moral começa na mais tenra infância, graças à intervenção dos pais e educadores que introduzem as novas gerações no respeito às regras, e torna-se um tema de meditação pessoal, especialmente na adolescência. A ampliação do horizonte cognitivo e a conquista de um papel mais ativo na sociedade levam os adolescentes a confrontar-se com os valores que caracterizam a cultura moral de referência deles. No entanto, vale ressaltar que, no início, todo adolescente organiza seus conhecimentos de maneira bastante elementar: no que diz respeito aos valores, aos sistemas de crenças e de ideias, ele tende, por exemplo, a distinguir grandes blocos de significados simplesmente opostos entre si. Isso ocorre porque não consegue captar nem as nuances que marcam a continuidade entre posições consideradas diferentes nem as diferenciações mais sutis.

Para um adulto, as opiniões dadas por adolescentes sobre valores morais, a realidade social e a política provavelmente pareçam "maniqueístas" (sem meias-medidas completamente positivas ou completamente negativas), pouco conformes à complexidade da situação real, e às vezes um pouco provocadoras. Além disso, se os adolescentes perceberem os limites das posições extremas que apoiam, podem passar para a posição oposta ("dizer ser branco algo que até ontem dizia ser preto") que, na representação cognitiva deles, parece imediatamente adjacente à primeira. Daí as frequentes acusações de incoerência que os adultos dirigem a eles. É assim que nascem muitos desencontros entre adolescentes e seus pais, professores e aqueles que detêm um papel de autoridade: desencontros que começam com questões banais podem se tornar ocasiões de conflitos graves em que se parece estar questionando o valor da identidade dos indivíduos envolvidos.

Claro, às vezes pode não ser fácil se relacionar com um adolescente. No entanto, queremos enfatizar o papel fundamental que os adultos desempenham no apoio e ajuda ao desenvolvimento moral dos adolescentes. Pais responsáveis que sabem estabelecer relações baseadas no respeito e na aceitação, que transmitem segurança e proteção aos filhos, representam um suporte social fundamental, que permite aos adolescentes se tornarem adultos responsáveis e capazes de uma integração produtiva na sociedade. Também o tipo de disciplina usada para sancionar os comportamentos negativos e promover os comportamentos virtuosos influencia no quanto os adolescentes respeitam as normas sociais e adotam os valores morais como seus. Além da família, uma contribuição importante para o crescimento moral também é oferecida por outros adultos (professores e educadores). Para crescer bem, crianças e adolescentes precisam de um relacionamento real com o mundo adulto, feito de diálogo e da certeza de serem acolhidos. Em outras palavras, para construir uma identidade madura, não apenas do ponto de vista moral, crianças e adolescentes precisam de interlocutores reais, capazes de ouvi-los e de expressar valores através de seu comportamento cotidiano, e não com exortações retóricas.

Para saber mais

Na literatura há numerosas contribuições sobre os assuntos abordados neste livro. Vamos tentar dar algumas informações úteis para os leitores que quiserem aprofundar esses temas.

Em relação ao desenvolvimento físico, cognitivo e social e à redefinição da identidade que marca a transição da infância para a adolescência, indicamos três manuais: o primeiro, de Augusto Palmonari, intitulado *Psicologia dell'adolescenza* [Psicologia da adolescência], Bologna, Il Mulino, 2011; o segundo, de H. Rudolph Schaffer, intitulado *Lo sviluppo sociale* [O desenvolvimento social], Milano, Raffaello Cortina, 1998; o terceiro, organizado por Luigia Camaioni e Paola Di Blasio, *Psicologia dello sviluppo* [Psicologia do desenvolvimento], Bologna, Il Mulino, 2007. Augusto Palmonari também é autor de um livro intitulado *Os adolescentes: nem adultos, nem crianças, seres à procura de uma identidade própria*, São Paulo, Loyola/Paulinas, 2004.

O livro de Barbara Strauch, *Capire un adolescente. Come cambia il cervello dei ragazzi fra i tredici e i diciotto anni* [Entender um adolescente. Como muda o cérebro dos garotos entre os treze e os dezoito anos], Milano, Mondadori, 2004, explica, com linguagem simples e clara, as mudanças que ocorrem no sistema nervoso durante a adolescência.

A construção do conceito de Self em termos morais foi elaborada por vários autores. Em primeiro lugar por

Augusto Blasi no texto The Development of Identity: Some Implications for Moral Functioning [O desenvolvimento da identidade: algumas implicações para o funcionamento moral], em G. C. Noam e T. E. Wren (orgs.), *The Moral Self* [O Self moral], Cambridge, Mit Press, pp. 99-122 e Id., Moral Functioning: Moral Understanding and Personality [Funcionamento moral: compreensão moral e personalidade], em D. K. Lapsley e D. Narvaez (orgs.), *Moral Development, Self and Identity* [Desenvolvimento moral, Self e identidade], Hillsdale, Lawrence Erlbaum Associates, 2004, pp. 335-348.

Em segundo lugar, destacamos a importante contribuição de William Damon e Daniel Hart, Self-Understanding and Its Role in Social and Moral Development [Autocompreensão e seu papel no desenvolvimento social e moral], em M. H. Bornstein e M. E. Lamb, *Developmental Psychology: An Advanced Textbook* [Psicologia do Desenvolvimento: um livro avançado], Hillsdale, Lawrence Erlbaum Associates, 1992, pp. 421-464.

Um manual italiano recente bastante completo sobre desenvolvimento moral é o texto de Dario Bacchini, *Lo sviluppo morale* [O desenvolvimento moral], Roma, Carocci, 2011.

Para aprofundar os aspectos específicos do desenvolvimento do raciocínio moral segundo a escola cognitivo-evolutiva recomendamos: Jean Piaget, *O juízo moral na criança* (1932), São Paulo: Summus, 1994 e os textos de Anne Colby e Lawrence Kohlberg, *The Measurement of Moral Judgment. Volume I: Theoretical Foundation and Research Validation* e *Volume II: Standard Issue Scoring Manual* [A medição do julgamento moral. Volume I: Fundamentação teórica e validação de pesquisa e Volume II: Manual de Pontuação Padrão da Emissão], Cambridge, Cambridge University Press, 1987. Uma síntese bastante completa da contribuição de Kohlberg foi elaborado por Lisa Kuhmerker, Uwe Gielen e Richard L. Hayes no livro *The Kohlberg legacy for the helping professions* [O legado de Kohlberg para as profissões de ajuda], La Vergne, Lightning Source, 1994.

O texto de Larry Nucci, *Education in the moral domain* [Educação no domínio moral], Cambridge, Cambridge University Press, 2001, é muito útil para entender as diferenças entre o moral e o convencional.

A contribuição de Carol Gilligan, *Uma voz diferente: psicologia da diferença entre homens e mulheres da infância à idade adulta*, Rio de Janeiro, Rosa dos Tempos, 1990, é particularmente importante na investigação de como o mundo feminino enfrenta questões morais.

A relação entre empatia e moralidade, apresentada no terceiro capítulo, é ilustrada no texto de Martin L. Hoffman, *Empathy and moral development* [Empatia e desenvolvimento moral], Cambridge, Cambridge University Press, 2002.

Para entender a contribuição da escola psicanalítica para o estudo da moralidade, recomendamos: Sigmund Freud, *O Eu e o Id*, em *Obras completas,* São Paulo, Companhia das Letras, 2011, v. 16; e Erik Erikson, *Identidade, juventude e crise*, 2. ed., Rio de Janeiro, Zahar, 1976.

O famoso experimento do boneco João Bobo e o papel do *modeling* no favorecimento de formas de conduta agressiva são apresentados no texto de Albert Bandura, *Aggression: A Social Learning Analysis* [Agressão: uma análise de aprendizagem social], Englewood Cliffs, Prentice Hall, 1973. O mesmo autor aprofundou os mecanismos de desengajamento moral no artigo publicado em 2002, Selective Moral Disengagement in the Exercise of Moral Agency [Desengajamento moral seletivo no exercício do agir moral], em *Journal of Moral Education*, 31, pp. 101-119. Os mecanismos de desengajamento moral foram estudados no contexto italiano por Gian Vittorio Caprara e seus colaboradores. Mencionamos Gian Vittorio Caprara e Cristina Capanna, Moral Disengagement and Values [Desengajamento moral e valores], em *Research in Psychology*, 28, 2006, pp. 67-83, e Id. et al., La misura del disimpegno morale [A medida do desengajamento moral], em *Rassegna di Psicologia*, 13, pp. 93-105.

Uma contribuição interessante para entender a abordagem evolutiva da moralidade é o texto de Marc D. Hauser, *Moral Minds: The Nature Of Right And Wrong* [Mentes morais: a natureza do certo e do errado], New York, HarperCollins, 2007.

Sobre adolescência e desvio apontamos o texto de Nicholas Emler e Stephen Reicher, *Adolescence and Delinquency: The Collective Management of Reputation* [Adolescência e delinquência: a gestão coletiva da reputação], New Jersey, John Wiley Professional, 1995.

A relação entre adolescentes e escola é tratada no capítulo de Augusto Palmonari e Monica Rubini, Adolescenti, scuola e rapporto con le autorità istituzionali [Adolescentes, escola e relacionamento com as autoridades institucionais], em F. P. Colucci (org.), *Il cambiamento imperfetto. I cittadini, la comunicazione politica, i leader nell'Italia degli anni Novanta* [A mudança imperfeita. Os cidadãos, a comunicação política, os líderes na Itália nos anos noventa], Milano, Unicopli, 1998, pp. 209-217.

Para aprofundar a importância dos grupos de adolescentes e as funções que desempenham, relatamos os artigos de Anna Rita Graziani, Monica Rubini e Augusto Palmonari, Le funzioni psicosociali dei gruppi adolescenziali [As funções psicossociais dos grupos adolescentes], em *Psicologia sociale*, 1, 2006, pp. 157-174, e Nei gruppi conosciamo noi stessi, le funzioni dei gruppi adolescenziali [Nos grupos nos conhecemos, as funções dos grupos adolescentes], em *Età evolutiva*, 88, 2007, pp. 31-41. Também relatamos o texto *Gruppi di adolescenti e processi di socializzazione* [Grupos de adolescentes e processos de socialização], de Piero Amerio, Pina Boggi Cavallo, Augusto Palmonari e Maria Luisa Pombeni, Bologna, Il Mulino, 1990.

A importância da justiça nas relações que os adolescentes estabelecem com os pais e professores é o tema do capítulo de Mônica Rubini e Silvia Moscatelli, Giustizia e ingiustizia nelle relazioni familiari e scolastiche [Justiça e injustiça nas relações familiares e escolares], em M. Santinello e A. Vieno (orgs.), *Non è giusto! Psicologia dell'ingiustizia sociale*

[Não é justo! Psicologia da injustiça social], Napoli, Liguori, 2011, pp. 91-105.

Uma ferramenta útil para entender a relação entre agressão e mídia é o livro de Barbara Krahé, *The social psychology of aggression* [A psicologia social da agressão], London, Routledge, 2005.

O tema do apego foi particularmente investigado em psicologia. Uma síntese dos estudos sobre esse tema é proposta, pelo livro de Alessandra Simonelli e Vincenzo Calvo, *L'attaccamento. Teoria e metodi di valutazione* [O apego. Teoria e métodos de avaliação], Roma, Carocci, 2002.

Impresso na gráfica da
Pia Sociedade Filhas de São Paulo
Via Raposo Tavares, km 19,145
05577-300 - São Paulo, SP - Brasil - 2018